Scoprire i Giochi Gratuiti Online

Disponibile Qui:

BestActivityBooks.com/FREEGAMES

5 CONSIGLI PER INIZIARE

1) COME RISOLVERE LE PAROLE INTRECCIATTE

I puzzle hanno un formato classico:

- Le parole sono nascoste senza spazi o trattini,...
- Orientamento: Le parole possono essere scritte in avanti, indietro, verso l'alto, verso il basso o in diagonale (possono essere invertite).
- Le parole possono sovrapporsi o intersecarsi.

2) APPRENDIMENTO ATTIVO

Accanto ad ogni parola c'è uno spazio per scrivere la traduzione. Per incoraggiare l'apprendimento attivo, un **DIZIONARIO** alla fine di questa edizione vi permetterà di controllare e ampliare le vostre conoscenze. Cerca e scrivi le traduzioni, trovale nel puzzle e aggiungile al tuo vocabolario!

3) SEGNARE LE PAROLE

Puoi inventare il tuo sistema di segni. Forse ne usi già uno? Per esempio, puoi segnare le parole difficili da trovare con una croce, le parole preferite con una stella, le parole nuove con un triangolo, le parole rare con un diamante, e così via.

4) STRUTTURARE L'APPRENDIMENTO

Questa edizione offre un **TACCUINO** alla fine del libro. In vacanza, in viaggio o a casa, puoi organizzare facilmente le tue nuove conoscenze senza bisogno di un secondo quaderno!

5) AVETE FINITO TUTTE LE GRIGLIE?

Nelle ultime pagine di questo libro, nella sezione della **SFIDA FINALE**, troverete un gioco gratuito!

Facile e veloce! Dai un'occhiata alla nostra collezione di libri di attività per il tuo prossimo momento di divertimento e **apprendimento,** a portata di clic!

Trova la tua prossima sfida su:

BestActivityBooks.com/MioProssimoLibro

Ai vostri posti, pronti...Via!

Sapevi che ci sono circa 7.000 lingue diverse nel mondo? Le parole sono preziose.

Amiamo le lingue e abbiamo lavorato duramente per creare libri di altissima qualità. I nostri ingredienti?

Una selezione di argomenti adatti all'apprendimento, tre buone porzioni di intrattenimento, una cucchiaiata di parole difficili e una spolverata di parole rare. Li serviamo con amore e entusiasmo in modo che tu possa risolvere i migliori giochi di parole e divertirti imparando!

La vostra opinione è essenziale. Puoi partecipare attivamente al successo di questo libro lasciandoci un commento. Ci piacerebbe sapere cosa ti è piaciuto di più di questa edizione.

Ecco un link veloce alla pagina dell'ordine:

BestBooksActivity.com/Recensione50

Grazie per il vostro aiuto e buon divertimento!

Tutta la squadra

1 - Salute e Benessere #2

```
A A P S T V Q F C P T E N T G D
H N L L H S U O R E K S I Ë J E
S I A E I X Ë T E I D U L U E H
E M G T R C W M F I H N O S N I
P A M S O G K U U I F S U H E D
I T N K L M J Z H G R Z Q T R
W I O V A Z I I Z O D N B Y I A
S V F X K B P A A I H J R E K T
S P I T A L U A S S I P E R A I
X S M I J C R F A K G L J I I M
E Y H N G O T H M E J G T T M J
E N E R G J I N N F I K E B C N
H J M Z T L F E P N E U R M C H
T C L O Y G X F H I N I T J P V
Z I S T C R D M O R A U M R H R
J P H I S H Ë N D E T S H Ë M Q
```

ALERGJIA
ANATOMIA
OREKSI
KALORI
TRUPI
DIETË
TRETJE
DEHIDRATIM
ENERGJI
GJENETIKA

HIGJIENA
INFEKSIONI
SËMUNDJE
MASAZH
TË USHQYERIT
SPITAL
PESHA
GJAK
I SHËNDETSHËM
VITAMINA

2 - Aggettivi #2

```
N N U E K I T A M A R D C N O A
T G Y A K P Ë R G J E G J Ë S U
Y S S E U R K H S R Ë P I R I K
S T Y I U H I R U T Y Q X L I G
H W K X I S S P Q T H R L Ë F L
K U O T G M A I U D N A Z B O I
E R J H N L Q P T R P N T M R N
L I I A U T E N T I K E N Ë T T
E P R J N O R M A L E R C E Ë E
G A C S U U O C P E G K Z P D R
A S K S B E V I T K U D O R P E
N T R D X R S N A T Y R O R E S
T Ë S F S R I F A M S H Ë M Y A
E R C I S H Ë N D E T S H Ë M N
Q F P U M R T X K H F K G U N T
U Y Z B V B L F J W Z N B F J E
```

URI
THATË
AUTENTIKE
KRIJUES
PËRSHKRUES
E ËMBËL
DRAMATIKE
ELEGANTE
I FAMSHËM
I FORTË

INTERESANTE
NATYRORE
NORMALE
I RI
KRENAR
PRODUKTIVE
I PASTËR
PËRGJEGJËS
E KRIPUR
I SHËNDETSHËM

3 - Ingegneria

```
D  P  P  Q  L  E  N  E  R  G  J  I  W  N  W  J
L  I  Y  A  Ë  T  F  A  N  P  N  B  A  U  O  H
L  S  A  Y  N  N  P  D  J  L  J  D  D  A  J  X
O  K  S  M  G  F  G  C  T  F  O  R  C  Ë  P  W
G  A  H  X  E  Q  S  F  H  M  A  K  I  N  Ë  K
A  S  T  Z  J  T  U  F  E  D  C  C  A  K  G  Ë
R  T  E  M  R  V  R  X  L  O  S  B  I  A  F  N
I  A  S  F  A  O  O  I  L  H  I  N  N  Y  I  D
T  B  J  J  D  N  T  A  Ë  M  A  R  G  A  I  D
J  I  E  Y  N  E  O  N  S  T  B  Q  H  S  A  F
A  L  S  J  R  F  M  Z  I  M  I  T  R  Ë  D  N
F  I  L  A  Ë  R  R  O  T  U  L  L  I  M  I  I
D  T  K  I  P  C  K  O  C  I  G  Q  R  C  X  P
J  E  T  E  H  Z  A  N  A  R  G  N  I  A  Z  A
B  T  U  X  S  M  A  T  J  A  I  M  H  A  A  E
C  I  D  J  S  X  B  S  T  R  U  K  T  U  R  A
```

KËND	INGRANAZHET
AKSI	LËNG
LLOGARITJA	MAKINË
NDËRTIMI	MATJA
DIAGRAMË	MOTOR
DIAMETRI	THELLËSI
NAFTË	SHTESJE
SHPËRNDARJE	RROTULLIMI
ENERGJI	STABILITETI
FORCË	STRUKTURA

4 - Archeologia

```
F O S I L E T S L U W V L F L V
J E S H W V J E Y B V A A Q A L
E M M L J J N M M I I R H E S E
M N I F D N F P N P I R I R H R
T J N S Y T K V U F U I F A T Ë
V X L Y T R E P S K E L K M Ë S
F Q K B E E T K E J B O L I S I
R E K I L E R K O C K A T K I M
B Q I Q B P X U F J Q Z Q Ë A I
H U A Y L O Y H H H O I I S Q G
Q Z D B X K S G E O R L Y U M M
E Z E M R Ë K N G H J A K Z W L
Q Y T E T Ë R I M I B N X Z M T
P R O F E S O R Y R A A A U C K
S T U D I U E S E K I P I P C W
P A S A R D H Ë S H A R R U A R
```

ANALIZA	OBJEKTE
LASHTËSIA	KOCKAT
QERAMIKË	PROFESOR
QYTETËRIMI	RELIKE
HARRUAR	STUDIUES
PASARDHËS	PANJOHUR
EPOKË	EKIPI
EKSPERT	TEMPULL
FOSILE	VARRI
MISTER	VLERËSIMI

5 - Salute e Benessere #1

```
O T D L F B P F I X J N A L M E
S C R P E G H F R I U I K Y U L
R E F L E K S U T A Q S T J S V
Y Y A G I R M K E K K O I J K D
L A R T Ë S I A R I M T V S U X
W H L B Ç R T P A N D E U Ë J Z
U R I A A L W X P I O N N R T A
M V C Z G K O U I L K O M U Ë K
H M A I Y H T D A K T M J K V O
I Z M R O E V E H D O R E Ë I N
N E R V A T W A R J R O K L R I
F C A R U T S O P E E H Ë C U B
Y V F N A M P M J G T H S J S D
Y F F J D Z X M I N S C I N I P
T R A J T I M I P P C J S N E H
Z S P E B H N Z T D W G P K M G
```

ZAKON
LARTËSIA
AKTIV
BAKTERET
KLINIKA
URIA
FARMACI
FRAKTURË
MJEKËSI
DOKTOR

MUSKUJT
NERVAT
HORMONET
LËKURËS
POSTURA
REFLEKS
ÇLODHJE
TERAPIA
TRAJTIMI
VIRUSI

6 - Aggettivi #1

```
T N N D B P B M S J Z P D F A M
Z G D D W S A Q O H S F O Y B E
W A E C Q S I A Ë D N Ë R E S V
H T R P E R F E K T E B X S O L
I H S V P T K B T L H R P T L E
B Ë H G M A K T I V D X N M U R
A T Ë L L O H I J B A L Y E T Ë
F R M O X B E B D Y M Y N Q E T
J Y O Q A V G U J U E Z C L Z A
L K Z M S A H J J H P Z V T O J
W K C N A P K A P I W F T H I G
E R N K Q T H R C Q S I G M C H
P N E M H S I S Ë D N Ë R E I V
I M A D H E E K I T N E D I B E
E K Z O T I K E E N K C L X M R
A R T I S T I K E W M A G O A E
```

AMBICIOZE
AROMATIKE
ARTISTIKE
ABSOLUTE
AKTIV
I MADH
EKZOTIKE
BUJAR
I RI
E MADHE

IDENTIKE
E RËNDËSISHME
NGATHËT
GJATË
MODERNE
NDERSHËM
PERFEKT
E RËNDË
ME VLERË
I HOLLË

7 - Geologia

```
Y L U T H P F I P M C D E T K F
E V D J M H X R X I D P K Ë J C
E I H Q A P X G V N P H R R C L
A R A C I D T S D E I O Q M K G
A W O I M V W I Z R F Y X E R S
G U R Z U H X Ë J A L L P T I A
T N E N I T N O K L V J S X P C
M Q A B C O M M P E T A X G Ë E
W I Q P L H N T I T K A L A T S
T O E L A T S I R K M D A F P J
Y R Q X K S H P E L L Ë R O B G
K U A R C G E J Z E R U O S W Q
S T A L A G M I T E T A K I A E
G W G I F Y B Y N N A K L L U V
T L C J I P E Y K P W O H E L H
Z R Q C S H T R E S Ë G D C E C
```

ACID
PLLAJË
KALCIUM
SHPELLË
KONTINENT
KORAL
KRISTALE
EROZIONI
FOSILE
GEJZER

LAVA
MINERALET
GUR
KUARC
KRIPË
STALAGMITET
STALAKTIT
SHTRESË
TËRMET
VULLKAN

8 - Campeggio

```
G J U E T I A K K A F E I Q A W
N K U M U Q N E A M V C Y F R C
D T A S Y W Ë E M B F T Z Y C Q
J Z R P J G H T A J I V J T R N
R H Y E E B J N H R O N S X O U
L A T X L L Y E P V G V A M B B
I R A B D P Ë P U U S Ë D D M U
T T N H X B R P Y L L G T X T S
A Ë U T S R U Z C I T P U I Y U
R W X I D Z T W Q N E H L N M L
V Y V C F D N Z U S L K Y E C L
I I T H K O E J Ç E D Q K Q Y U
P E M Ë T W V A A K H D A I F X
M A L J A X A R D T H Q N L O X
K A F S H Ë T R Ë P C X O C H J
O E H M X C B O R K E Q E G S X
```

PEMËT	ARGËTIM
HAMAK	PYLL
KAFSHËT	ZJARR
AVENTURË	INSEKT
BUSULL	LIQENI
KABINA	HËNA
GJUETIA	HARTË
KANOE	MAL
KAPELË	NATYRA
LITAR	ÇADËR

9 - Arti Visive

```
A T L A B V E I C Q P Y W K A F
G R M Ë G K X Z P E O Y J Ë M O
Ë R T V P A P I T R R R O M M T
R G T I L L Y D W A T C X B X O
U A G T S L I Q V M R P L A R G
T J J K I T O K R I E H R L H R
K R Y E V E P Ë R K T H F E G A
E Ë U P O B A N R Ë J M F C H F
T B B S S X W K H U Z W O K T I
I R U R D R Y M Y Q T L A P S O
K Ë V E X F I O K O D P M E Ë O
R P F P N O M I Y N D U L C M L
A K R I J I M T A R I C I U U S
S T I L O L A P S T N O F A K B
T R W L O U S D T Y J O H Y H S
K L I S H E G M D R G D Z S S J
```

ARKITEKTURË	FILM
BALTA	FOTOGRAFI
ARTIST	SHKUMËS
KRYEVEPËR	LAPS
QYMYR DRURI	STILOLAPS
KËMBALEC	PERSPEKTIVË
DYLLI	PORTRET
QERAMIKË	SKULPTURË
PËRBËRJA	KLISHE
KRIJIMTARI	LLAK

10 - Tempo

```
U D Z V Y D O B W U U E S U N V
H V K Q M E E H C Q D X T P B W
M M E U K P E C I O A D N T P L
X D A B S F C X D I Z H Y M E Z
A B I X U Ë R O B L F C N Ë Z K
O I T T P C S I M L O E M N G A
P M I N A B I H M U A J I G N L
W A V E R T Q I P K K Z N J R E
U I S M A V A J V E J D U E K N
F C P O P D N W H H J I T S C D
A A J M H D R A E S V T Ë Y H A
X X L V P E O N D G U B I J P R
V J E T O R F N A T Ë U Z Y X L
C E E E C X Y Q K J F V P D E D
M E S D I T Ë N E M C M S O T R
Y S F G M R V A D M B O A M J C
```

VITI
VJETOR
KALENDAR
DEKADE
PAS
E ARDHMJA
DITA
DJE
MËNGJES
MUAJ

MESDITË
MINUTË
MOMENT
NATË
SOT
ORË
SË SHPEJTI
PARA
SHEKULLI
JAVA

11 - Astronomia

```
A P W G V P Z I W T B D J Y O G
J S L R R P L A N E T W Z N B A
A X T O S A V O N R E P U S S L
N G U E J Q V T O K A A E I E A
L J A T R Ë M I S O M Z O K R K
L I N E X O S N T Q I E L L V T
U T O M Y P I I G E H Ë N A A I
G H R O C R S D C K T F W Z T K
E Ë T N M C K H I N S I L L O Ë
J S S O H H O R A K E T Ë C R C
M I A R E Z N L K H O T T G I I
S E B T Q V I M I T A Z E R R X
A O C S X C U T E L E S K O P C
L E Q A E M K B L U L O D Q J X
D Y D P C O E O G U F U C G U Z
C J I A P W N O Q Q E H J H Y G
```

ASTEROIDI
ASTRONAUT
ASTRONOM
QIELL
KOZMOSI
PLOJËSI
EKUINOKSI
GALAKTIKË
GRAVITETI
HËNA

METEOR
MJEGULLNAJA
OBSERVATORI
PLANET
RREZATIMI
RAKETË
SUPERNOVA
TELESKOP
TOKA
GJITHËSI

12 - Algebra

```
B I H R O C I E C R J G J L K Z
B B B D Z Y V G T I T Y S I T Z
Q R O V F I T Z B R I T J A P G
T H J E S H T O J L I N J S A J
P T T W H L M V V T I E D E F I
R I H O Y H C W M G Z N D M U D
O J D Y N G M Y K N N O E G N H
B X F E E P R Ë M U N P F A D J
L G C S B S B A W Ë Y S A P R E
E X U Y C X Ë L F C A K K A F E
M D I A G R A M Ë I M E T L O I
D I V I Z I O N I R K Z O L R R
V A R I A B Ë L F T Y E R K M R
E K U A C I O N I A F R I O U E
D P Q V P M N I B M X O Z R L M
Q R O M A R Q Z L C R C Y G Ë Ë
```

DIAGRAMË	LINEARE
DIVIZIONI	MATRICË
EKUACIONI	NUMËR
EKSPONENT	KLLAPA
I RREMË	PROBLEM
FAKTORI	THJESHTOJ
FORMULË	ZGJIDHJE
THYESË	ZBRITJA
GRAFIK	VARIABËL
PAFUND	ZERO

13 - Mitologia

```
B C X T D U U G R L Y G F O K P
H U J U Y F H U Z A B E E X R A
E E B U U O S G D B J J W I I V
R L F U H S Ë D N I B R Ë P J D
O E A V L I G H Y R F R O I I E
C G T D U L L Z R I N A N T M K
J J K E T D I U I N V M Y E F Ë
T E E K Q E H M F T K K I K S S
G N Q S I T I W A T H A M R G I
S D Ë H O M T D I S Ë H I A T A
J A S Ë J W A Q Z Y E T Z L O R
E B I M Z Ë C R O F G J A R K U
L M A G J I K E L S H Y I R F T
L L F V M D O N E F U R R R I L
J H Y J N I T Ë H Z U K N Z K U
E S K N F O R Q X V V V J A F K
```

ARKETIPI

SJELLJE

KRIJESA

KRIJIM

KULTURA

FATKEQËSI

HYJNITË

HERO

FORCË

RRUFE

XHELOZIA

LUFTËTARI

PAVDEKËSIA

LABIRINT

LEGJENDA

MAGJIKE

VDEKSHËM

PËRBINDËSH

BUBULLIMA

HAKMARRJE

14 - Piante

```
B A M B U G Q L Y C Q S J K V B
O V G M T F M U S F U G P B R I
N J C Z I U B P U X A W L U R M
I O I Y R G V F G T D M I S Ë Ë
I B H Y R W D K O P S H T H N S
B O T A N I K Ë F A S U L E J I
I T J K T D H W R U J Q G Q Ë A
F H V D I T S I X E H C W V T L
L R X G B P Y B A R I P G U E W
O Y Y B K Ë M E P S P Y Y Y L Z
R T W F Q O W P F L K X E L F P
A O G L V J P L E H Y A H G L E
V T J D Q I K O R U P C K K S T
D B E P I D V A Q T X D T T I A
X S T L G Q U Y E V W Y E L U L
F D H O U Y T W C J N J C C N S
```

PEMË

BAMBU

BOTANIKË

KAKTUS

BUSH

RRITU

IVY

BARI

FASULE

PLEH

LULE

FLORA

FLETË

GJETH

PYLL

KOPSHT

MYSHK

PETAL

RRËNJË

BIMËSIA

15 - Spezie

```
X B V D M P U K A R D A M O M B
P C L O E I X Q I Ë Q I M N O N
K R I P Ë P E Q H H A L E F F A
S Q Y L Y E V B O D K N Y S Z R
P F Ë M O R A H R U H D I H E F
E K O P Ë R N F V H C O R S K A
C K K N V Q I L T W N P R A E H
I M P J A S L Ë B M Ë E E R J S
K H K Y N P J W H O W U K R Z J
U F A R H R E L S Z I Q H Ë W A
Q X H E N X H E F I L G R M C M
K O R I A N D Ë R L N D H Y Y B
K A N E L L Ë R E C I I K S P A
X T Z J E J A N C Y J X X H I L
S R M A K L Y N R M D G D K K L
S T P Z Q E X G O F G P G T W O
```

HUDHËR
E HIDHUR
ANISE
KANELLË
KARDAMOM
QEPË
KORIANDËR
QIMNON
KERRI
E ËMBËL

KOPËR
AROMË
JAMBALL
ARRËMYSHK
SPEC I KUQ
PIPER
KRIPË
VANILJE
SHAFRAN
XHENXHEFIL

16 - Cioccolato

```
K A L O R I T Ë Z I S J R V L E
Z S M N E S S H B O J C E M G Ë
O E E P Q J B C V L T E C I O M
T L C L E T I S O K O K E Q L B
G P N W H K Y H L C A R T R P Ë
U H E H S K H P S D J R A F A L
A Q O G P E H I D H U R A I U Z
K O A I S Ë L I C G S M R M B K
N M K I G N R A R O M Ë W U E E
K D A Z S R Z B R G E P U X G L
P C K H C E K B Ë D T F R I G E
K I K I R I K Ë T R U H U L P M
E K Z O T I K E L F Ë M A L L A
G I R G E M H S J I H S E F P R
W E P R E F E R U A R A H B S A
P W O A N T I O K S I D U E S K
```

E HIDHUR	EKZOTIKE
ANTIOKSIDUES	SHIJE
KIKIRIKËT	AROMË
MALL	PËRBËRËS
KAKAO	KOKOSI
KALORITË	PLUHUR
KARAMELE	E PREFERUARA
KARAMEL	CILËSIA
E SHIJSHME	RECETA
E ËMBËL	SHEQER

17 - Guida

```
F V H A G M P L J H I U M I D G
L L Z A G K K I U I A Z W M T X
T R A F I K U Ç H T N R W E X W
A R R Q R Q I E V R T S T L S N
N Q A J E X Z N K O U F X Ë H I
E I G D A I B S X P N M S J P G
R R K M K Y I Ë M S E D J R E E
F G C L U P D T F N L Z O F J A
B S L B K W C N N A L Ë J I T K
S L U V T P I A I R U G I S Ë S
K Ë M B Ë S O R H T R U N O S I
E E T G O Y X U B L Q R S C I D
L T K O S T L B Q A C R E V C E
K U J D E S U R M O T O R Z N N
P O L I C I A A N I K A M W I T
P O B F Q R V K E R D Q L F V K
```

KUJDES
MAKINA
AUTOBUS
KARBURANT
FRENAT
GARAZH
GAZ
AKSIDENT
LIÇENSË
HARTË

MOTOR
KËMBËSOR
RREZIK
POLICIA
SIGURIA
RRUGË
TRAFIKU
TRANSPORTI
TUNEL
SHPEJTËSI

18 - I Media

```
U E R E K L A M A B O T I M P D
X A P Z L A T I H X I D Z A F T
N L X N Q K V P X N O J K H T R
I P Z H I O I N D U S T R I A E
U K L J D L A G A R N E P R T G
I N T E L E K T U A L E U R E T
K F A K T E E J U D L J B J Z I
F O I D A R O N L I N E L E A Y
C I M I S R A Z R X F F I T G O
O K N U I J U Z S J G F K I W E
J J F A N I N D I V I D U A L C
Q N O I N I P O F W H I W W E K
Z Q L T J C K C P X A E W E G F
D O L P C B I I N A M V L K K F
I Z O K C H E M M T A H J D J R
O R X F K W V C I I O U A G F Z
```

TREGTI	INDUSTRIA
KOMUNIKIMI	INTELEKTUALE
DIXHITAL	LOKAL
BOTIM	ONLINE
ARSIMI	OPINION
FAKTE	REKLAMA
FINANCIMI	PUBLIK
GAZETAT	RADIO
INDIVIDUAL	RRJETI

19 - Forza e Gravità

```
X  J  G  T  H  L  F  N  R  A  R  G  O  V  P  U
Q  E  N  D  R  A  Ë  I  D  Z  C  U  T  E  R  N
F  Ë  R  K  I  M  I  V  Z  I  M  M  V  T  E  I
M  C  A  O  G  S  H  R  I  I  K  U  M  I  S  V
E  N  K  B  M  T  F  J  R  Z  K  I  Q  T  I  E
K  A  S  B  J  P  D  M  J  Q  J  A  M  Ë  O  R
A  T  I  B  R  O  O  K  O  H  A  E  U  I  N  S
N  S  Z  G  J  E  R  I  M  I  L  E  A  T  I  A
I  I  M  I  L  U  B  Z  G  L  Z  K  P  W  C  L
K  D  M  A  G  N  E  T  I  Z  M  I  E  U  K  E
A  S  H  P  E  J  T  Ë  S  I  B  M  S  I  H  W
Z  N  C  I  E  G  N  P  F  Y  E  A  H  O  M  Q
M  W  S  F  A  J  K  T  E  T  E  N  A  L  P  H
N  G  F  Q  M  I  K  H  H  M  P  I  J  D  L  P
L  E  M  Q  E  M  E  I  Y  E  H  D  U  U  Z  T
I  C  Y  B  W  H  Q  D  T  V  M  I  N  W  N  H
```

AKSI	LËVIZJE
FËRKIMI	ORBITA
QENDRA	PESHA
DINAMIKE	PLANETET
DISTANCË	PRESIONI
ZGJERIMI	VETITË
FIZIKA	ZBULIMI
NDIKIMI	KOHA
MAGNETIZMI	UNIVERSALE
MEKANIKA	SHPEJTËSI

20 - Sport

```
M P R O G R A M I W Y D I U Y M
O C L D D Y R H R C D R I W I S
N W N E R M Q C C T S A V E P B
C P F L S R W F T A K C O K T V
S H Ë N D E T I Ë O F Q Z V J Ë
G A J T V N V M U U J C I A D M
Z R W E A J H I S U P Y M L M E
M P S A L A U L H R H S I L U T
S D J Z A R A L Q S K C X Ë S A
P W G D Z T F Ë Y S O C A Z K B
V T R U P I T Q E I P X M I U O
R A T L E T Ë C R O F O P M J L
A L G W V R S G I D V G R I T I
P D W N E H I R T H S I Q T F K
I Q Ë N D R U E S H M Ë R I E E
M Ë Z I L K I Ç H I T T V A Q T
```

TRAJNER	METABOLIKE
ATLET	MUSKUJT
AFTËSI	TË USHQYERIT
ÇIKLIZËM	QËLLIMI
TRUPI	KOCKAT
VALLËZIMI	PROGRAMI
DIETË	QËNDRUESHMËRI
FORCË	SHËNDETI
VRAPIM	SPORTET
MAXIMIZO	SHTRIHEN

21 - Uccelli

```
A H V J C Y T G Y V M L S V U L
Q C B N P N W W D F Q S Y G S E
M Y T O Ë A P I N G U I N T A J
F Y Q R H J P P U L Ë Y D C O L
L Q C E D N E A P Ë L L U M B E
A Y E H R O S A G T R U O H O K
M M H W A P H U A A T O U C A N
I U W F B I S L P P L P E O X S
N G D P Ë Q X L I E N L H U E K
G S C T L H T A Ë M L L E J M X
O G A F U S C P P T C I P Z T P
C I P J P R F V O L G C K V C L
S H I K U R T V E Z Ë U M A A S
G Y K H A R A B E L I R T O N Y
W E P R J L Z Q S D J T D Q R Q
S O X F R S Q E K M U S M S H G
```

HERON
ROSA
SHQIPONJA
LEJLEK
MJELLMË
PËLLUMB
QYQE
SHIKURT
FLAMINGO
PULËBARDHË

PATË
PAPAGALL
HARABELI
PALLUA
PELIKAN
PINGUIN
PULË
STRUCI
TOUCAN
VEZË

22 - Giorni e Mesi

```
E I B Z K S C D E R U O Z K S M
P Y K Q Y H A Y S V R J O O H U
R Y Q Y S K R O H S R E Q R T A
E C K R K U O J T Z P M P R A J
M Q C M A R T G U Z I H Q I T J
T D M R L T E K N X K R C K O E
E O N A E D T E Ë F W C T B R Q
X M N E N H O Z J J P R A B M C
T I R Z D E V W W U M R J C P E
H U Z Q A S M K U A Y O I H C D
E R I H R X G Ë P X H T T L Z I
D H J E T O R U R F B N I I L E
H L J A N A R R S K Y Ë V Y Q L
K W J P N A F V P H U N Y W V M
K E H Ë N Ë L E E Ë T R A M E A
J A V A A Q E R R T R L Ë F H B
```

GUSHT	E HËNË
VITI	E MARTË
PRILL	E MËRKURË
KALENDAR	MUAJ
DHJETOR	NËNTOR
E DIEL	TETOR
SHKURT	E SHTUNË
JANAR	SHTATOR
QERSHOR	JAVA
KORRIK	E PREMTE

23 - Casa

```
R H U B G N Y V B G O N Y D H X
C A C D Y G F J W T D Y N R B X
M U O S A A N I H Z U K G I S U
T A V A N R U M D J E S G T M S
E R Y J J D I Y H X Ë B M A L L
N E O Q C H W B O M O W F R O O
I D X F I T A Ç M K R W K E A G
B O H J S L W X Ë R Y Q S A P B
U M A E E H I G U M S L T T T Q
R I K F Q K E M L I B R A R I I
B M D G C K H S C K H F K S N B
Y E J Y P J S U Ë O I W O K Z J
P A P A F I N G O S E Y P J H W
L G B G A R A Z H H B D S O P I
F C U E O V B F M Z F Z H V O J
Q B S C Q B U D U S H K T W G G
```

PAPAFINGO	MUR
LIBRARI	KATI
DHOMË	DERA
OXHAK	GARDH
KUZHINA	RUBINET
DUSH	FSHESË
DRITARE	TAVAN
GARAZH	PASQYRË
KOPSHT	QILIM
LLAMBË	ÇATI

24 - Fantascienza

```
F G R F A I P O T S I D M X R S
K K R U I C M E R T S K E W E L
H G Ë T O B K A A M E N I K A E
I O D U Q M H H G T Z Q M A L G
V U Y R R A J Z B J O I B B I D
P Ë K I T K A L A G I M A Y S U
S F H S E U T O P I R N I Q T L
S V A T N Z A B O T E K A K E I
H H Z E A L X D D L T L U R E B
Y F P T L E T B J F S L F E E R
M C P Ë P J J E N O I Z U L I A
Q G X T R A Z L H D M P O O G K
R V G O V T T E K N O L O G J I
D D B B V T H F A N T A S T I K
I D P O N B Y I L L U K A R O D
O E S R D H Q R M F L M Q I Q X
```

ATOMIKE

KINEMA

DISTOPIA

SHPËRTHIM

EKSTREM

FANTASTIK

ZJARR

FUTURIST

GALAKTIKË

ILUZION

IMAGJINARE

LIBRA

MISTERIOZE

BOTË

ORAKULLI

PLANET

REALISTE

ROBOTËT

TEKNOLOGJI

UTOPI

25 - Città

```
U N I V E R S I T E T I G L I S
B A N K Ë S T A D I U M I U K Z
K L I N I K A Z D R E D N L T D
Z J H V I Y G G Q E Z U M E Z F
J P S A N N A L R L S O F S X A
S H K O L L A J U A U I Y H G R
N Z K T W L R X C G C O T I L M
K B Z M L Z I Z V N Y L V T F A
Y T Y K R E S T O R A N T Ë D C
Z R Q F I R A R B I L O Z S Y I
H O T E L N W T W H E L H Z Q B
L P K S X Z E K R U F L I J A Y
E O R E J X Y M I V V A S X N X
S R B Z L B H S A W B S B K Y W
M E S U P E R M A R K E T W T F
T A T R E G U K K T E A T R I K
```

AEROPORT	MUZE
BANKË	DYQAN
LIBRARI	FURKE
KINEMA	RESTORANT
KLINIKA	SALLON
FARMACI	SHKOLLA
LULESHITËS	STADIUMI
GALERI	SUPERMARKET
HOTEL	TEATRI
TREGU	UNIVERSITETI

26 - Fattoria #1

```
N P H D N D K J P J L R C K T A
T K V H E L P G G D B K A L Ë H
Z B M I Q M O E Q D G R S S L I
U V S J U Y J C W F A S S O Y C
O E Z U M S I A X E R F U S H A
B M U X U S R M L M D R M W B Q
C Q D L N P Q O P T H N C H Y H
R C S B R F P M R R Ë T E L B F
X A N P O S Z T P J N P A S J A
K D O U F R Ç M B R A M O G Q R
O H H L C F I E D R S C A L P A
P Y Q Ë S I V Z I E J C Q F N C
E D V V A P S G Y D O N D O S G
U J L J S V Q L V V Y I Y Q W B
M W Y C S Q Q Y Z J R K Q W K F
W F Q A B U J Q Ë S I A R U E I
```

UJI
BUJQËSIA
BLETË
GOMAR
FUSHA
QEN
DHI
KALË
PLEH
SANË

MACE
KOPE
DERR
MJALTË
LOPË
PULË
GARDH
ORIZ
FARA
VIÇ

27 - Psicologia

```
N  V  V  D  L  K  P  P  Ë  R  V  O  J  A  T  N
Ë  E  I  M  I  S  Ë  R  E  L  V  A  K  L  T  B
N  T  Y  H  P  T  E  N  O  I  C  O  M  E  A  E
V  V  X  S  E  O  N  T  U  B  N  P  I  V  A  V
E  R  P  Q  R  X  T  K  K  E  L  J  W  H  J  W
T  Z  A  Z  C  G  F  T  B  G  D  E  O  K  W  T
Ë  C  V  M  E  M  Ë  K  L  O  T  S  M  H  T  H
D  N  E  L  P  E  M  I  D  N  E  M  B  K  J  I
I  D  T  D  T  K  I  L  M  C  T  I  V  B  O  E
J  J  Ë  T  I  I  J  F  P  F  I  K  D  O  R  L
A  E  D  E  M  N  Ë  N  N  T  L  P  R  P  O  N
A  S  I  E  I  I  R  O  F  C  A  C  D  U  L  L
E  I  J  Y  R  L  I  K  R  A  E  N  N  L  M  U
F  E  E  A  I  K  A  I  P  A  R  E  T  O  X  W
S  J  E  L  L  J  E  E  M  Ë  R  I  M  I  G  X
P  E  R  S  O  N  A  L  I  T  E  T  L  M  R  X
```

EMËRIMI	FËMIJËRIA
KLINIKE	MENDIME
NJOHJE	PERCEPTIMI
SJELLJE	PERSONALITET
KONFLIKT	PROBLEM
EGO	REALITET
EMOCIONET	NDJESI
PËRVOJAT	NËNVETËDIJA
IDE	TERAPIA
PAVETËDIJE	VLERËSIMI

28 - Paesaggi

```
X S A W M J B Q Q Z N U Q Z V V
O Y L N T Q D I E D O J K D U S
S H K R E T Ë T I R Ë Ë O E L R
I S H U L L J P C Q K V D T L I
T U N D Ë R A V L K Y A Ë I K P
R N Y V B G N P L A A R R W A Z
O A B P X G L B U H Z Ë M Q N K
G E J Z E R L J H G E H N J L M
M Q Y A N G U V S N S K G A U Z
O O L U M I K I I E A L T J G E
O G Ç W U N A V D V A E S S I Y
J A B A Z E C M A M A L S B N Z
O R Z P L Q U O G P N P M E Ë Q
Y M R Ë A I S H P E L L Ë R G L
H I D G W L K F A T X M J G J S
R M K O S S E G H K J R C F T C
```

UJËVARË
KODËR
SHKRETËTIRË
LUMI
GEJZER
AKULLNAJË
SHPELLË
AJSBERG
ISHULL
LIQENI

DET
MAL
OAZË
OQEAN
MOÇAL
GADISHULL
PLAZH
TUNDËR
LUGINË
VULLKAN

29 - Energia

```
E X E J A I S Ë T H E X N A J H
P G R U I F P V P U B Y W V N I
D S O X P J N S J P R F V U R D
F E M M O T O R O O Z B J L B R
B V A W R Ë N I Z N E B I L A O
K A H I T T D U E O U Y A N Q G
C A T O N F O I L B N O Y O Ë J
I A R E E A T A E R O F P T U E
N L Ë B R N J P K A L Z Y O L N
D B B O U I A Z T K I J J F H A
U F A N J R B T R X M J E D I S
S N V F J O A D O X D V W B E W
T G B R L M V N N D M L M P C S
R N Y Y U C Y E T Y V T X D M U
I R I N O V U E S H M E K X P I
A E L E K T R I K E X Z H J B S
```

MJEDIS	FOTON
BATERI	HIDROGJEN
BENZINË	INDUSTRIA
NXEHTËSIA	NDOTJA
KARBON	MOTOR
KARBURANT	BËRTHAMORE
NAFTË	RINOVUESHME
ELEKTRIKE	TURBINË
ELEKTRON	AVULL
ENTROPIA	ERA

30 - Ristorante #2

```
U  T  B  C  O  I  K  I  C  E  S  N  X  E  M  Q
N  K  K  O  T  T  N  D  D  S  Y  C  F  V  F  A
Y  W  P  T  P  O  Q  F  O  H  W  R  H  N  K  K
X  J  J  H  I  N  R  V  W  I  A  Ë  P  U  S  A
K  Q  K  Q  J  N  V  T  U  J  Z  K  I  J  U  R
B  P  Ë  Z  E  V  W  W  Ë  S  Ë  E  R  Y  C  R
N  I  G  A  Z  S  K  U  D  H  R  R  U  A  Z  I
P  F  U  N  E  H  R  N  K  M  E  D  N  P  D  G
E  S  L  I  M  I  P  O  S  E  A  E  U  E  H  E
S  S  A  L  L  A  T  Ë  B  H  K  W  Y  R  J  B
H  G  A  Z  U  G  F  J  J  I  U  S  H  I  G  Z
K  F  P  K  Z  C  W  T  V  U  L  K  V  M  J  N
G  F  R  E  I  R  A  M  A  K  L  R  H  E  S  V
W  K  X  U  V  O  Q  N  I  F  C  I  N  T  B  Z
A  F  K  V  T  U  R  L  Q  O  W  P  D  Z  I  E
N  I  N  O  I  A  I  L  I  Z  X  Ë  E  B  Y  F
```

UJI	SALLATË
MEZE	SUPË
PIJE	PESHK
KAMARIER	DREKË
DARKA	KRIPË
LUGË	KARRIGE
E SHIJSHME	ERËZA
PIRUN	TORTË
FRUTA	VEZË
AKULL	PERIMET

31 - Moda

```
R E H A T A N O T U B P E M O D
A Z J N Z Z P F P E K R T O R A
U O O R Z N Z J F I X A H D I N
K A T U I V E S H J E K J E G T
I L I T S R R J M B E T E R J E
T S Q Q T Z P L O P L I S N I L
S H K E N J T E D Ë E K H E N L
I S Ë L I C B P E L G E T D A A
F Z E T U L X X L H A Y Ë A L X
O J H R M O Q I U U N Q K A C A
S Q Ë N D I S J E R T J O Y Y N
I E U S X N K J D Ë E P S K O W
M O D E S T M I N I M A L I S T
E E J J W M I I T F J G X Z M D
S V R K H Y R J N U M B M F R G
B T T Q D X M G J G B F F S L G
```

VESHJE

BUTIK

SHKENJTE

REHAT

ELEGANTE

MINIMALIST

MODEL

MODERNE

MODEST

ORIGJINAL

DANTELLA

PRAKTIKE

BUTONAT

QËNDISJE

E THJESHTË

I SOFISTIKUAR

STILI

PRIRJE

PËLHURË

CILËSI

32 - L'Azienda

```
P O I N O V A T I V E D L M D I
D R N J Ë S I T Ë P T G C I L N
P K O H U F B J Q Y Q A E T G D
E R I G D C T T R J H Z G N P U
H R B D R T Ë A R D H U R A T S
A J I L S E U J I R K Q A Z P T
N Z U B W L S B T E Q I Z E R R
M L F V C A Q U H E R G G R O I
I U A Y V B P R L D J S P P F A
D T N P A O A I S Ë L I C D E T
N G M D P L U M W V I J T K S R
E T S J Ë G L E J T J Q A Z I E
V Z W X C S M T K U D O R P O N
Y V O Y Q M I T S E V N I F N D
P U N Ë S I M I J L C X J T A E
Y R E P U T A C I O N I M M L T
```

KRIJUES	PROFESIONAL
VENDIM	PROGRES
GLOBALE	CILËSIA
INDUSTRIA	TË ARDHURAT
INOVATIVE	REPUTACIONI
INVESTIM	RREZIQET
PUNËSIMI	BURIMET
MUNDËSI	PAGAT
PREZANTIM	TRENDET
PRODUKT	NJËSITË

33 - Giardino

```
V B P Z Ë P B G R A B U J Ë C O
O A E H S A U L K E S P E M Ë M
L R M F I P N L O Z B T P B N K
B I I W H L W E P M Y B O S I Ç
U J S X D G N P S F Y W D L D O
S Y H D R A G X H L D Y P W N R
H F T Y A T T G T O U Y L P Ë A
K B E J H R O X S P S V W P L P
H A M A K A K H Z A R A G H A E
F K C M N M Ë B Z T H X R Q J A
Q H K M H S C O Ë D N A R E V
S A G P H O Y U A L V G X B L O
E X V E A L L H Z R M P U B U O
V O Q W Z I C G J A R A G X L N
N O G P M N A S X Z M A E Q A U
A V N U O Ë Q W F K I E T B D L
```

PEMË	VERANDË
HAMAK	LËNDINË
BUSH	GRABUJË
BARI	GARDH
LULE	PELLG
PEMISHTE	TOKËS
GARAZH	TARRACË
KOPSHT	TRAMPOLINË
LOPATË	ÇORAPE
STOL	HARDHISË

34 - Riscaldamento Globale

```
M  T  B  P  L  R  W  E  V  T  K  V  N  T  I  W
L  P  C  Z  V  T  W  W  G  Ë  R  N  Q  O  N  O
O  K  T  Y  K  F  Y  Z  K  D  I  D  B  P  D  K
K  R  S  I  N  F  O  B  M  H  Z  W  Y  V  U  G
M  J  E  D  I  S  O  R  E  Ë  A  O  S  B  S  A
Z  H  V  I  L  L  I  M  I  N  A  Y  X  Z  T  Z
Q  E  V  E  R  I  S  Ë  T  A  Z  E  R  B  S  S
P  O  P  U  L  L  A  T  A  T  O  Y  D  H  I  H
T  E  M  P  E  R  A  T  U  R  A  T  Y  A  A  K
E  R  A  T  Ë  B  M  O  K  R  Ë  D  N  B  I  E
I  N  O  I  C  A  L  S  I  J  G  E  L  I  M  N
I  S  E  A  R  K  T  I  K  E  Z  R  Z  T  T  C
V  I  A  R  E  A  R  D  H  M  J  A  T  A  S  Ë
Q  E  A  J  G  A  X  G  T  E  F  Q  A  T  E  T
K  R  S  E  D  J  U  K  V  K  G  J  N  E  V  A
E  L  R  Y  A  M  I  L  K  E  V  R  I  T  G  R
```

MJEDISORE	QEVERISË
ARKTIK	HABITATET
KUJDES	INDUSTRIA
KLIMA	NDËRKOMBËTARE
KRIZA	LEGJISLACIONI
TË DHËNA	TANI
ENERGJI	POPULLATAT
E ARDHMJA	SHKENCËTAR
GAZ	ZHVILLIMI
BREZAT	TEMPERATURAT

35 - Frutta

```
L V A J A P A P R J Y W O Z T F
X N F V Q E R S H I V I K U B I
O I W X O C W A D P I Y X V N G
M L M H G K V R F M H V S G I Q
K L K F N P A F G O Y U I X G Z
S A N Y A J J D U L H F E R R Ë
E K J A M E S Y O L L U B M U K
U O O S G P E L O Ë Y A T U K H
O T S A I Ë C T I H S U R R P T
C R M N M R E O Q D W X J M M F
A O A A C J Ë N I R A T K E N L
D P M N U Q E G L A D P X N O I
J O Q A W J G D U D Q Z P A M X
P J E S H K Ë G Ë M P J H N I S
M G I W K X L X Q R D S Y A L H
T C Q L U N G U H B A H L B J F
```

KAJSI	MANGO
ANANAS	MOLLË
PORTOKALLI	PJEPËR
AVOKADO	FERRË
BANANE	NEKTARINË
QERSHI	PAPAJA
FIG	DARDHË
KIVI	PJESHKË
MJEDËR	KUMBULL
LIMON	RRUSHIT

36 - Fattoria #2

```
C H F K M M Y L Q T O R Q Y Q L
A G B K H J O W Y T N O U I L B
M A Y R E C O Z K J R S M U S B
W I J C L F B T Q P K A Ë S N O
U S S I B V R A C P X S S H C U
O F I R F A L U R Z J J H Q M C
R N Y U I P E J T I J U T I V O
A J B R L D L P Ë A U D B M T V
Q E N G J R L F H D A V I L R H
L J B C I W A D S D F E O R A A
P J E K U R M H F U H X Q E K M
G O B F J E A T A T A P F B T B
T V X R P M Y B K K F V A Q O A
D E L E A R N G T Z R Q G M R R
M X M L Q E T H S I M E P J X X
B F W T K F K X A G R N F G B S
```

QENGJ

FERMER

ROSA

KAFSHËT

USHQIM

HAMBAR

FRUTA

PEMISHTE

GRURI

UJITJE

LLAMA

QUMËSHT

MISRI

PJEKUR

PATAT

ELB

BARIU

DELE

LIVADH

TRAKTOR

37 - Verdure

```
R R E P Ë V W T M X S O X V B R
X G D A G D H Z S L H A Y O I H
D X G H P A Z G S N Q Q L B Z U
A N G J I N A R J A R M R B E D
X M S S P A T Ë L L X H A N L H
H A E A I Q O O T A S J M C E Ë
E J L L Z T R V L Q N P F V T R
N D I L T Z R Q W L V A I Z A I
X A N A C R A D O M A T E N T D
H N O T L H K C P U A H P T A U
E O B Ë B R O K O L I Z S S P Q
F Z D I I J D Q R R E P K Ë C P
I C E S M N K C E V A R T S A K
L L U G N U K Z Z P K Q Q W R O
E I J A E G I T E K Ë P H Y H B
K Ë R P U D H A K G J E J Z H W
```

HUDHËR	BIZELE
BROKOLI	DOMATE
ANGJINARJA	MAJDANOZ
KARROTA	RREPË
KASTRAVEC	RREPKË
QEPË	SHALLOT
KËRPUDHA	SELINO
SALLATË	SPINAQ
PATËLLXHAN	XHENXHEFIL
PATATE	KUNGULL

38 - Musica

```
D B W Z K H K G V B K U A R H R
K N T A C Ë A I D G H X K I A E
L I R I K E N R I C D I D T R G
Y R O A W G D D M U B L A M M J
Q O T Z S F V E O O P E H I O I
E K I S A L K E U N N K N K N S
I N S T R U M E N T I I E E I T
K Ë N G Ë T A R J A F T O N K R
A O J O F U R X U K O E C S T I
M M I D O L E M I K R O F O N M
A U J E C A P W S Q Q P J V A I
N E D R H K O O G V R S H Q K P
U T J N F O Z T E J A I G V I W
J W D J X V O M A Z Q L T C Z M
R A H G U J O R C I M O X Ë U Y
P M U Z I K O R B A L A D Ë M R
```

ALBUM
HARMONI
HARMONIK
BALADË
KËNGËTARJA
KËNDONI
KLASIKE
KORI
LIRIKE
MELODI

MIKROFON
MUZIKOR
MUZIKANT
OPERA
POETIKE
REGJISTRIMI
RITMIKE
RITËM
INSTRUMENT
VOKAL

39 - Barbecue

```
N M P R X B B T F A M I L J E P
X F A T A L L A S G O Z T A M O
E S K L T O O S A F I F K U I A
H U R E U C C J Q F F A Z V Q K
T R A S R N D G Ë R E V M J H B
Ë I D K F G N J T R T F T E S Ë
A A G I K E W N S E A K I Z U M
W Q K Z M P U L Ë P M R S Y Y U
S A G I V Q L N U I O I G B V U
X R G Y H D V S D P D N L F J C
T I D H Y T R U F C N X P N C O
Q E P Ë D D G E K S A L C Ë O R
G M H K Y S G N K T Q A P J E N
Q Z T E J T M G A Ë I A C S F A
C Z I E S D L X U G N Q B C F A
K R I P Ë O F P Q N M D C G I B
```

NXEHTË
DARKA
USHQIM
QEPË
THIKA
VERË
URIA
FAMILJE
FRUTA
LOJËRA

VUAJ
SALLATA
FTESË
MUZIKA
PIPER
PULË
DOMATE
DREKË
KRIPË
SALCË

40 - Riempire

```
E X A U O K T K T L S Ç U B K Z
R L C P E D D P W J H A K A E W
N O P L G O H W E J I N A Q A E
M B Y U L E G E N B S T R W B E
S H P O R T Ë K R A H Ë N R C L
W F H K C X G O A H E D T F R E
E Z Q A G B Z T T C K C C C S T
F E T P Y V W J R Y U X L O A J
V U A Q P O Q X I T A B A K A V
M O Ç M L Z N D S G A R K X J G
X J V I S R B V A L I X H E Z Q
D H F R J D Q E K U T I P K A D
L R E L V V X P Z C S J O D R O
S J N P Z A K O V Ë D G P Z F S
V A S K Ë B Z D V S G N Z E H J
J K I L P I N O T R A K Z A L E
```

LEGEN	ANIJE
FUÇI	PAKO
ÇANTË	KUTI
SHISHE	KOVË
ZARF	XHEP
DOSJE	GYP
KARTONI	VALIXHE
ARKË	VASKË
SIRTAR	VAZO
SHPORTË	TABAKA

41 - Insetti

```
M F Ë J N O K H S U M L P K K C
T F B H E U B A C A K A L R A H
H N O K J H E I R F O R E I R W
B R U M B U L L I K E V S M K M
S Y G W A N Y V A M A A H B A U
Q R R G W G U B Y D A L T I L P
F X C P Q F R K Z W G N E F E I
T E R M I T C E Ë Z U U T C C L
J X S Z W E I A N F F D P I I I
F L U T U R C P O Z Q H H M S V
O M D I H P A M G M Ë L O M Q E
C J U D Z L D Q N Q T H M D V S
Z N C D C R A V I C E A K T W Ë
T G R B R Ë Z I L Y L U F L E Z
N F T B J Z J O I N B I S R T Y
P J R J X T P G M Y H U U I T L
```

APHID
BLETË
BRËZI
KARKALEC
CICADA
LADYBUG
BRUMBULLI
MOLË
FLUTUR
MILINGONË

LARVA
PILIVESË
KARKALECI
MANTIS
PLESHT
KACABU
TERMIT
KRIMBI
GRENZË
MUSHKONJË

42 - Fisica

```
B  I  M  I  R  E  J  G  Z  Z  E  P  W  G  R  U
Ë  R  O  T  O  M  E  B  Q  P  S  Ë  M  A  E  N
R  Ë  L  U  M  R  O  F  O  B  G  R  A  Z  L  I
T  F  E  K  I  M  I  K  S  X  Q  S  G  E  A  V
H  R  K  S  T  G  W  K  A  G  T  H  N  X  T  E
A  E  U  E  L  E  K  T  R  O  N  P  E  A  I  R
M  K  L  I  H  E  K  G  G  J  W  E  T  W  V  S
O  U  A  J  G  V  X  A  A  U  E  J  I  O  I  A
R  E  I  G  R  B  J  L  T  V  R  T  Z  I  T  L
E  N  S  O  A  K  S  K  I  O  W  I  M  T  E  E
V  C  Ë  L  V  I  T  E  E  U  M  M  I  D  T  T
Z  A  D  M  I  G  R  I  M  C  Ë  I  Z  J  I  S
D  U  N  K  T  S  H  P  E  J  T  Ë  S  I  A  F
T  J  E  F  E  Q  O  Z  R  M  D  U  R  O  A  E
G  H  D  X  T  R  L  T  H  X  W  Q  S  Y  H  V
D  H  O  R  I  M  E  K  A  N  I  K  A  L  N  K
```

PËRSHPEJTIMI
ATOM
KAOS
KIMIKE
DENDËSIA
ELEKTRON
ZGJERIMI
FORMULË
FREKUENCA
GAZ

GRAVITETI
MAGNETIZMI
MEKANIKA
MOLEKULA
MOTOR
BËRTHAMORE
GRIMCË
RELATIVITETI
UNIVERSALE
SHPEJTËSIA

43 - Agronomia

```
G T M R U K B O Y P V I V I J U
M E F I Q A P M I Q H S U D Q A
V J K S Ë K O T L X I Ë I E J C
C W E O H E L P W C T M L N E F
Y I M D L K E E L A R U R T Q V
Y Q G Q I O E G V W R N C I Z K
A K A B S S G N D P I D T F P A
I T Y O Y N K J C O T J W I W M
S I S T E M E T I A J E O K M X
Ë J K W B M T Q F A A T R I K F
Q G N D O T J A L R W A G M Ë L
J R C B T O O C H A K C A I R E
U E P P M L A N U F E A N U K E
B N E R O Z I O N I M W I A I A
P E F Y N S Z I Y T C R K W M A
N K O V P R O D H I M I E B E B
```

UJI
BUJQËSIA
MJEDIS
USHQIM
RRITJA
EKOLOGJIA
ENERGJI
EROZIONI
PLEH
IDENTIFIKIMI

NDOTJA
SËMUNDJET
ORGANIKE
PRODHIMI
KËRKIME
RURALE
SHKENCA
FARA
SISTEMET
TOKËS

44 - Erboristeria

```
C B Z T L T Z Q F Z X N C S N N
A I O D N A V I L B I M Ë H P E
R P L R Ë D N A I R O K P A Y N
O Ë D Ë Z M U R T Ë T G K F I E
M R S B S I O X S H P R O R P X
A B R L G I L D O D X E P A Ë H
T Ë I E Z T A O D U J W Ë N N I
I R G J X L U Z K H P D R A I K
K Ë O G G E G M K U L I N A R I
E S N E K H A A L S W X Z V A K
K O P S H T R J H U R R U S M E
J E A C B A D D T R L E Z H Z C
K H B D F H Q A N M D E F Q O A
I H V B J Q W N R S D P M B R I
N I H Q K G B O Q S E F U D N E
W D R O C F Q Z C H S K O Z L F
```

HUDHËR	BORZILOK
AROMATIKE	NENEXHIK
KORIANDËR	RIGON
KULINARI	BIMË
DRAGUA	MAJDANOZ
KOPËR	CILËSIA
LULE	ROZMARINË
KOPSHT	TRUMZË
PËRBËRËS	E GJELBËR
LIVANDO	SHAFRAN

45 - Biologia

```
N H Z A L O K A A Z E W V K E U
O E Z A Z E T N I S O T O F N A
R Y R O I S P A N I S H V O Z U
U F A V T X D T A X C G O Y I K
E B T H O E R O R Y T A N L M E
N A I O D R Y M B H I K X K Ë W
R K J R B K L I O A Y K V K O G
V K G M H I I A K Z K G K I I S
T I N O I R B M E I O T E N E P
A K A N I E T O R P U M E A A K
S I M B I O Z Ë H C J I O R G X
E V O L U C I O N I V F R R E R
H U R Z N V L O S M O Z Ë A K T
Q J F L F W E O Z B N B J V X Z
B N V S X M Q G Z X G B O Z O J
W G J U B T H M U T A C I O N G
```

ANATOMIA
BAKTERET
QELI
KOLAZHN
KROMOZOM
EMBRIONI
ENZIMË
EVOLUCIONI
FOTOSINTEZA
GJITAR

MUTACION
NATYRORE
NERVOR
NEURON
HORMON
OSMOZË
PROTEINA
ZVARRANIK
SIMBIOZË
SINAPSI

46 - Attività Commerciale

```
T M H W P Z S P U N O N J Ë S M
Ë S A C N A N I F T T M C A Z D
A H F L F I T I M I S S K E L Y
R I E B L Y S Z V L O G E M J B
D T K X J I Z K V A K L V Q U C
H J O W V N N Y J P L D Y Q A N
U E N P G A P K R B B U Z H B Y
R Z O P I P Q I Z Ë Y P T N H E
A Z M R P M C Ë R E I R R A K N
P B I H N O I S K A S N A R T I
N R M L U K V H F A B R I K Ë M
I I S Ë N Ë H D Ë N U P E P T G
Q T I N V E S T I M E M C X A H
B J Q X P E K U B T K B T N R F
S E P G P H G X I L I W P O A C
C G C L Z G R Y B U X H E T P X
```

BUXHET
KARRIERË
KOSTO
PUNËDHËNËSI
PUNONJËS
EKONOMI
FABRIKË
FINANCA
INVESTIM
MALLIN

DYQAN
FITIMI
TË ARDHURA
ZBRITJE
KOMPANI
PARATË
TRANSAKSION
ZYRË
VALUTA
SHITJE

47 - Fiori

```
T L Z A L I D O F F A D B K Y T
U K A E U Y E Q U K Ë L U L H Ë
L Q M T L Z L G M F Y Q Q L T R
E T B Y E R U H Z O B B E U R F
P V A O P P V E V Q F P T D Ë I
S T K Z A I N E D R A G Ë A N L
N F G I S S U I P Q X F O I D I
B I Z M I J A S E M I N I S A M
J C K O O B J H O M K G B Y F A
J B L X N I P A I B Q A A Z I G
Q X I D I X C H R B R Y R W L N
N T V U I T G Z R G I O J L P O
F J A A M L P L B M A S D T W L
B Y N P L U M E R I A V C T M I
J E D I K R O M V G O G A U S A
H V O L U L E D I E L L I N S O
```

GARDENIA
JASEMINI
ZAMBAK
LULEDIELLI
HIBISCUS
LIVANDO
JARGAVAN
MAGNOLIA
DAISY
BUQETË

DAFFODIL
ORKIDE
LULËKUQE
LULE PASIONI
BOZHURE
PETAL
PLUMERIA
TRËNDAFIL
TËRFILI
TULEP

48 - Filantropia

```
G C F K N D E R S H M Ë R I A U
H N A I R A J U B J J Z K C R I
D Z M L N B A M I R Ë S I Q F T
M C E B N A K O M U N I T E T I
X U O U J Z N F D M T A Q X F N
N H X P E Y K C N J E R Ë Z I T
U Y T F R K U M A M D E I A N E
G O L A Ë G N H V I N V I A O T
C D P B Z R Ë Z O V O J X Z I K
Y Z L J I G N J D R F F W A S A
G Q M S M U E H I S T O R I I T
O R T E I H E V Z M F W E N M N
Q K U N E V O J A O Ë P Q I L O
H R U P G L O B A L E F M R S K
B O E T E M A R G O R P D N U Q
A S H F V T A D I F S M D S W T
```

FËMIJË	GRUPET
NEVOJA	MISIONI
BAMIRËSI	GOLA
KOMUNITETI	NDERSHMËRIA
KONTAKTET	NJERËZIT
FINANCA	PROGRAMET
FONDET	PUBLIK
BUJARI	SFIDAT
RINIA	HISTORI
GLOBALE	NJERËZIMI

49 - Discipline Scientifiche

```
K Z O P S T V A L G K B H I B R
I J G O L O K I S P M I D C I O
U D B H Q H C H U T E A Y G O M
N M O V W Z J I W G R D L I K X
Z O O L O G J I O L D O A J I O
P W F X P Z C J Z L T A N G M J
B O T A N I K Ë G W O L Z O I U
G J E O L O G J I A O G P L M A
A A I J G O L O E K R A J O Y I
N X T V J M E K A N I K A I G J
A P J G U K I M I A A N D B B G
T X H T H I M U N O L O G J I O
O Y K V Ë N E U R O L O G J I L
M S C D S F I Z I O L O G J I O
I P A K I M A N I D O M R E T K
A M I N E R A L O G J I A C U E
```

ANATOMIA
ARKEOLOGJIA
ASTRONOMI
BIOKIMI
BIOLOGJI
BOTANIKË
KIMIA
EKOLOGJIA
FIZIOLOGJI
GJEOLOGJIA

IMUNOLOGJI
GJUHËSI
MEKANIKA
MINERALOGJIA
NEUROLOGJI
PSIKOLOGJI
SOCIOLOGJI
TERMODINAMIKA
ZOOLOGJI

50 - Scienza

```
S H Q E K M F Y A U X H I L L B
H S K P J Z F U A K I Q M Q A D
K O U Z T E L A R E N I M A B X
E D E V N W N K K Z A O O N O Z
N D L V X D U I T T D I O Ë R G
C D I M O T A Z E T O P I H A R
Ë M S S K L L I W P T K V D T I
T S O M I X U F D D E C P Ë O M
A P F E M W X C W E M Y V T R C
R E H J I M Ë Z I N A G R O K A
T A L U K E L O M O A B O N E T
M Q N T E X A G I W N D J A L T
E K S P E R I M E N T I T T I Q
G R A V I T E T I K J X I Y X L
K L I M A S L H U N V R M R Y A
W D C M E W N B Z F K Y Y A V M
```

ATOM
KIMIKE
KLIMA
TË DHËNA
EKSPERIMENT
EVOLUCIONI
FAKT
FIZIKA
FOSILE
GRAVITETI

HIPOTEZA
LABORATOR
METODA
MINERALET
MOLEKULAT
NATYRA
ORGANIZËM
VROJTIM
GRIMCAT
SHKENCËTAR

51 - Acqua

```
T I M I L L U V A L L U V A H I
V Q U N M P O W N U W V P O N S
C F S X A Y L N A M H N I B R M
P S O A D G L T L I G F J Z A I
G I N E Q I L I T D U N S T D T
D U S H K H G M T R S N H M I S
T Z D A A U A N R P G A Ë I X T
E A V S N T C W N A F E M V E C
X O A L A S A N R E V Q Y F U C
C B L Q L D R J W V I O A Z J X
J C Ë E Y U L A G Ë S H T I E X
L G T L C J T L U Q A B E X H R
R C L U S I I M U S R O B I N S
O F N M N T D H I K S R V T U N
Q O U Ë D J X O E S A Ë B V A M
A J H Y Q E J T Y B M R Ë P E M
```

PËRMBYTJE
KANAL
DUSH
AVULLIMI
LUMI
LUMË
ACAR
GEYZER
AKULL
UJITJE

LIQENI
MUSON
BORË
OQEAN
VALËT
SHI
PIJSHËM
LAGËSHTI
STUHI
AVULL

52 - Imbarcazioni

```
E B P R Y L G M S T N B Y W W V
O K A A Q A J O P N I K B L S O
N R U T H A J T I M U L U P A Z
A T E I I S E O R A N I R A M Ë
K P R L P C P R A L K M W R I M
V L O C M A Ë J N K A J A K T B
F I I Q Q L Z J C L Z G W S D I
S K W B E Q I H Ë L I H R J E U
Z G T E G A R T I N E Q I L T J
X J F B A B N G H N X O L B A Ë
W D A V K S X C Y L Z J C R R P
F Q R A L E V E M Ë K R A V E Q
T K J L T J F O D X L O A Q E F
R Z W Ë R N R H D Z F C Y T F Q
U T C T E D V M U W R E E V E F
M N Y I D I R E K M C Z W P N T
```

DIREK
SPIRANCË
VARKË ME VELA
VOZË MBI UJË
KANOE
LITAR
EKUIPAZHI
LUMI
KAJAK
LIQENI

DET
BATICË
MARINAR
MOTOR
DETARE
OQEAN
VALËT
TRAGET
JAHT
RAFT

53 - Chimica

```
A Q I K A T A L I Z A T O R J Q
H L K C B B L T Z P U P B Y C E
S C K R K A R B O N P B F E Q B
E F Y A I S Ë T H E X N F B Z Y
P Y H Y L P E L E K T R O N Z J
R B X E C I Ë M I Z N E A G U O
L Ë N G M I N E J G O R D I H N
X L O I Z A G E O R G A N I K E
X Z V K K L C K O K S I G J E N
D R V U X U O I K I W R A V H J
D D R A V K A M D W P O L K W M
K M P H T E W O F B S L K A M V
W S Y B G L J T K L T K J D U F
N V K E R O M A H T R Ë B F N Q
V R U Q F M S Y A R F I F X E B
V R K Q V T E M P E R A T U R A
```

ACID	HIDROGJEN
ALKALINE	JON
ATOMIKE	LËNG
NXEHTËSIA	MOLEKULA
KARBON	BËRTHAMORE
KATALIZATOR	ORGANIKE
KLORI	OKSIGJEN
ELEKTRON	PESHA
ENZIMË	KRIPË
GAZ	TEMPERATURA

54 - Api

```
D A W L F I J L C M B M K U T J
K I Z U M Y Q N U G U B I C Y W
I O V E D S S E L M B R V C M D
N I P E R E H S O K N E L O P Ë
S D T S R W N P C T A T I B A H
E O H A H S E B S Ë N Ë U J S A
K B O M T T I T A M S R S F O R
T I I K F J E T H I Z E H A U K
G S J T B H C T E B A S Q X X J
C H T Q Y V D W L T Y H I W Q I
B Ë H V E C C Y U S I A M H F W
S M E I E J S J L E Ç A N A L K
M X T J K O B Ë T L A J M L L E
J L H H L I M E T S I S O K E K
C J O W L R K X I F C E M O I N
F R U T A B J Q K O D T L Y D P
```

KRAHË	TYM
KOSHERE	KOPSHT
I DOBISHËM	HABITAT
DYLLI	INSEKT
USHQIM	MJALTË
DIVERSITETI	BIMËT
EKOSISTEMI	POLEN
LULE	MBRETËRESHA
ÇEL	MUZI
FRUTA	DIELL

55 - Strumenti Musicali

```
J  V  F  T  U  A  L  F  I  B  N  P  R  A  H  C
V  T  E  R  J  A  D  G  E  Y  A  D  I  M  D  X
P  Y  O  U  V  K  J  Q  X  I  N  N  D  A  N  D
D  A  B  M  I  R  A  M  P  Y  Q  S  J  P  N  F
H  T  O  B  M  A  N  D  O  L  I  N  Ë  O  T  O
T  I  R  E  J  T  I  D  O  G  N  O  G  C  P  Q
W  F  U  T  N  E  H  S  H  Z  Z  K  I  Y  K  R
N  A  T  Ë  T  E  N  I  R  A  L  K  G  X  Z  X
G  L  Z  E  N  U  E  D  K  H  F  A  G  E  G  K
F  T  G  V  S  I  H  A  R  M  O  N  I  K  Ë  I
I  A  H  M  F  E  L  L  U  A  D  P  C  T  E  T
O  S  A  K  S  O  F  O  N  U  K  O  F  T  N  A
S  Z  C  V  Q  V  D  A  I  B  N  F  R  B  N  R
T  R  O  M  B  O  N  A  L  V  B  B  V  A  L  Ë
V  I  O  L  O  N  Ç  E  L  I  A  V  B  M  N  B
L  J  S  K  C  P  V  O  R  A  V  W  V  H  G  R
```

HARMONIKË	OBOE
HARP	GODITJE
BANJO	PIANO
KITARË	SAKSOFON
KLARINETË	DAJRE
FAGEG	DAULLE
FLAUT	TRUMBETË
GONG	TROMBON
MANDOLINË	VIOLINË
MARIMBA	VIOLONÇEL

56 - Professioni #2

```
S  S  B  I  H  R  A  K  E  T  O  I  L  B  I  B
H  F  I  E  A  E  V  W  F  M  Ë  S  U  E  S  A
P  S  O  Y  F  I  T  O  L  I  P  P  R  X  L  R
I  E  L  J  X  N  U  U  T  F  L  C  Z  V  M  S
K  U  O  H  R  I  A  T  E  L  Q  O  F  E  J  T
Ë  R  G  G  V  H  N  L  R  S  D  X  Z  U  E  U
S  T  A  T  Y  X  O  J  J  V  P  D  U  O  K  D
I  S  P  W  B  N  R  A  Ë  H  U  J  G  F  I
B  U  T  L  H  I  T  I  P  S  D  G  S  Z  G  U
N  L  T  Z  F  G  S  E  T  D  L  S  X  O  A  E
P  I  K  T  O  R  A  T  H  S  P  O  K  O  Z  S
A  C  F  U  J  U  U  V  K  P  I  P  Y  L  E  X
U  D  S  F  A  R  G  O  T  O  F  T  S  O  T  Y
T  D  H  E  Y  I  A  Q  V  J  W  R  N  G  A  Y
R  G  F  M  C  K  P  K  T  I  R  D  Q  E  R  E
P  L  Z  X  O  M  C  E  N  F  J  W  S  T  D  Y
```

ASTRONAUT	INXHINIER
BIBLIOTEKAR	MËSUES
BIOLOG	SHPIKËSI
KIRURG	HETUES
DENTISTI	GJUHËTAR
FILOZOF	MJEK
FOTOGRAF	PILOT
KOPSHTAR	PIKTOR
GAZETAR	STUDIUES
ILUSTRUES	ZOOLOG

57 - Letteratura

```
C I Y X S Q I T W L W B K G A T
X C E B R G E M I K Y I R X N T
R I M Ë T O D K E N A O A A A W
C L Ë I U A B C S Z H G H N L A
E I T R K R Z H S M U R A A O H
B T I U Y O F H S I M A S L G N
G S R V A F M Y A D F F I I J O
P O E M Ë A X T W N W I M Z I I
R O M A N T Z R E U Ë A W A A N
M J A D H E E E Y F W R R Q F I
J S S V E M K M I R K H S R Ë P
Y G R J F S I D A Ë O U O U X O
C M R H V G T F N P E T J K I G
N Q F H I D E J G A R T U Z M E
E Y F K U G O L A I D T W A L E
U D N V B Q P W U W D S P X M W
```

ANALIZA
ANALOGJIA
ANEKDOTË
AUTOR
BIOGRAFIA
PËRFUNDIM
KRAHASIM
PËRSHKRIM
DIALOGU
ZHANËR

METAFORA
OPINION
POEMË
POETIKE
RIMË
RITËM
ROMAN
STILI
TEMA
TRAGJEDI

58 - Cibo #2

```
H S Q P P S H S O M U K G K C G
V I J A K R S A R O G E N Ë H J
N J G T Y O O D I L S Z B R X Z
B M H Ë L U P S Z L O X R P B V
D E H L I P V A H Ë O G O U V M
V Y Q L Q B C E F U E U K D C Y
L Y I X B P B T Q X T V O H B E
G T I H S U R R I D W Ë L A A L
A Z V A B G M M O O S T I N N N
Y K I N U D Z Q O M E A R R A A
O R K Y K Q J P T A L L U M N V
P F H X Ë P E A X T I L R R E W
J K S P V B R R T E N O G K O S
V M E B E Z J P S H O K E S M X
X Z P R Z C X L F H Ë O R D Y M
B E H Z Ë W D B N E I Ç A E L E
```

BANANE	BUKË
BROKOLI	PESHK
QERSHI	PULË
ÇOKOLLATË	DOMATE
DJATHË	PROSHUTË
KËRPUDHA	ORIZ
GRURI	SELINO
KIVI	VEZË
MOLLË	RRUSHIT
PATËLLXHAN	KOS

59 - Nutrizione

```
T C B N G J W G L Ë N G J E T V
B O I B V I T A M I N A D N A J
U X K L M S A L C Ë X D E G N K
G G X S Ë Z I X Y T V O T R I B
T G O A I S C R L E M Z E Ë E W
R R T H K N I R K I F M T N T E
E A S B Y G Ë A Y D E Z A S O H
S H Ë N D E T I P Q R V R H R I
H X X U N X L E J X M A D Ë P D
K A L O R I T Ë N F E Z I M L H
O G E M Ë H S T E D N Ë H S I U
O R A U C N A L A B T R O Y M R
V R E J T E R T H J I E B U O W
O P M K Z P T R S Ë M O R A V T
K B E O S U X X E S I M A Q Z Y
P A L J U I A E P T W L K Y I D
```

E HIDHUR	LËNGJET
OREKSI	PESHA
BALANCUAR	PROTEINAT
KALORITË	CILËSIA
KARBOHIDRATET	SALCË
NGRËNSHËM	SHËNDETI
DIETË	I SHËNDETSHËM
TRETJE	ERËZA
FERMENTIMI	TOKSINË
AROMË	VITAMINA

60 - Matematica

```
G Y D Y D N W Y E V I K E C M P
P J E O A C J R K Ë M Z K R A E
K O W J M T Y U S L Y I U D R R
Z U L E L A R A P L K Z A S G I
W T H I F I H U O I U N C I O M
K F S R G E D E N M S A I M L E
Ë K Ë T Z O Z U E I C D O E E T
N N D E C I N O N U Q P N T L Ë
D W N M A Ë K I T E M T I R A R
E M Ë A R R E T H E N C A I R T
T Z K I N O I Z I V I D W H A H
V I T D K D Y P S O F U F S P Y
D H J E T O R E H M Z R Y E G E
U D E J N X X E U V A C T H R S
E R R A I R T E M O E J G S U Ë
N L D U B A H S Ë D N Ë K E R T
```

KËNDET
ARITMETIKË
RRETHENCA
DHJETORE
DIAMETRI
DIVIZIONI
EKUACIONI
EKSPONENT
THYESË
GJEOMETRIA

PARALEL
PARALELOGRAM
PERIMETËR
POLIGONI
SHESHI
DREJTKËNDËSH
SIMETRI
SHUMË
TREKËNDËSH
VËLLIMI

61 - Meditazione

```
F M I I W I W U D U G Q F E K M
E R N M G L U P R E V E R M U I
O F S I P L W U D U G T Y O J R
E J D N E M P C H V C Ë M C D Ë
R B N A L Ë V I Z J A S Ë I E S
O D Z R O N V M S X W I M O S I
D A V P E A K I Z U M J A N H A
N H H A Q T Y T T G E J R E E W
E U E B Z Y I J P K B I R T S A
M G Q M K R P O D I E Q J O H R
Q R A C B A H R O D M P A F T U
L T P P P S J V E J I W S Q J T
S G Z C V R H N N G D J J R E S
Q A R T Ë S I U O C N Y G L E O
H W H C C X H B R E E V X E B P
H E J H O J N Ë R I M J R G J U
```

PRANIMI
KUJDES
QETËSI
QARTËSI
DHEMBSHURI
EMOCIONET
MIRËSI
MIRËNJOHJE
MENDORE
MENDJE

LËVIZJA
MUZIKA
NATYRA
VROJTIM
PAQE
MENDIME
POSTURA
PERSPEKTIVË
FRYMËMARRJA
HESHTJE

62 - Antiquariato

```
R S A R E L V C I L Ë S I A H J
A E U U I V J E T Ë R V R Y E J
S N S E T N A G E L E E T C H A
H F K T W E V I T A R O K E D P
E Q X A A F N A V Q R W E R W T
K X T M N U Ë T N O K A Z A P E
U M R S K D R J I D E K A D A V
L I R M V S U I P K I E B Y H I
L K N O I C T M M L E G E M Ç M
I U C B W Y P T B I I B J V M O
Z J P I I M L G A L E R I N I N
H R Y L M E U G J E N D J A M E
I N D J D K K A R T Z C P W I D
Y V D E R R S E R S T I L I M H
I N V E S T I M Z R A N E F I A
R F V B H J K Z C A H O I K K G
```

ART
ANKAND
AUTENTIKE
GJENDJA
DEKADA
DEKORATIVE
ELEGANTE
GALERI
E PAZAKONTË
INVESTIM

MOBILJE
MONEDHA
ÇMIMI
CILËSIA
RESTAURIMI
SKULPTURË
SHEKULLI
STILI
VLERA
I VJETËR

63 - Escursionismo

```
R N P B O U N D U L K L A R Y J
O A J T I T A G R Ë P L C J J W
O T X E J R T L Ë R F L I E N I
W Y D Q U U Q T G U J E T M U P
C R C R J H D Ë E G B I I Z A T
L A Z A A D W H I S A D M I R M
C M W P Z O W S Ë C O Q A Ç R Q
I S G X I L N F H Z N W S P E D
X F Z C W Ë X A D I U E W J Z M
T M X K I T Z K B Z K E N B I D
G N T W V B Y J W M V R S E Q F
K L V I Z E M I T N E I R O E Q
K A M P I N G Ë M A L R N P T L
N M R D T D X Z K B O S O U B C
E R Ë N D Ë T R A H P N J W Y D
S N T W U N H T Z G S K K S O C
```

UJI
KAFSHËT
KAMPING
KLIMA
UDHËZUES
HARTË
MAL
NATYRA
ORIENTIM
PARQET

RREZIQET
E RËNDË
GURË
PËRGATITJA
SHKËMB
I EGËR
DIELL
TË LODHUR
ÇIZME
SAMITI

64 - Professioni #1

```
I I N P F A R G O T R A H G D B
M G Z I V G A O J N M C Z Z E A
N K T A I V O L Q U O E A O I L
P K S N N E G O K W H R J T N E
U I I I H U R E I K N A B T F R
I K C S W L Q J L H A R R S E I
H R A T E U J G U B S E O I R N
T H M P A V O K A T T D D T M V
N R R C S J F H R D R A A R I E
A F A Z U I U V D X O K S A E T
K O F J K R K D I V N T A J R E
I G D P N Q F O H K O O B U E R
Z N A T J E Y E L H M R M R F I
U J I O Z X R I U O V Q A A W N
M D K K O V N U M X G H E V O E
S H K E N C Ë T A R A M D O D R
```

TRAJNER	FARMACIST
AMBASADOR	GJEOLOG
ARTIST	GJUHARI
ASTRONOM	HIDRAULIK
AVOKAT	INFERMIERE
BALERIN	MUZIKANT
BANKIER	PIANIST
GJUETAR	PSIKOLOG
HARTOGRAF	SHKENCËTAR
REDAKTOR	VETERINER

65 - Antartide

```
M I G R I M I R L L A M B A S S
G S O H X J L E I C K J A K Z N
A T T N E N I T N O K E L U Z E
D O O U P R K Ë D G S D E L D K
I P A T D P O L P S L I N L H S
S O G A R I R U B A H S A U T P
H G M J Y L U T F S N W T E E E
U R E A E I T E J T J A U R M D
L A V N S O N L S C D P D N P I
L F C L U W G A P A N A M I E T
T I K L R T K R Y O E U F S R Ë
U A P U K H O E A X I Q T H A W
G J I K J E O N H F Q A J U T O
W M O A Z I Q I L K I B I J U X
K A P C T E K M H S M G T T R E
I O E A K S H K E N C O R E A R
```

UJI	MIGRIMI
MJEDIS	MINERALET
GJI	RETË
BALENAT	GADISHULL
RUAJTJE	STUDIUES
KONTINENT	ROKI
GJEOGRAFI	SHKENCORE
AKULLNAJAT	EKSPEDITË
AKULL	TEMPERATURA
ISHUJT	TOPOGRAFIA

66 - Libri

```
N R W L D W P N P A Z W T Q E T
A Y S E U J I R K O U O Z R E K
R V X T M U Z T S K E T N O K Y
R V Q R E P I K Ë T T Z O C X Z
A D M A E N P N O O N S I R E S
T Y Z R A U R K H S A N R T Q T
O V T E T I L A U D V E O R A R
R H I S T O R I K E E O T A F Q
A Z Q M D V I D F L L Y S G D Y
J V E S E O H W B S E G I J V D
H H E Z M P Y O N U R L H I U F
D J R N A M O R Q E O E W K K K
E L S X T F D J J C M X I E Z S
L E H T K U N H J N U U Y B Y T
B E E I I S R T D R H E H C X A
M X G K X D H Ë N X I S F Z I J
```

AUTOR
AVENTURË
MBLEDHJA
KONTEKST
DUALITET
EPIKË
KRIJUES
LETRARE
LEXUES
NARRATOR

FAQE
POEZI
RELEVANTE
ROMAN
SHKRUAR
SERI
HISTORI
HISTORIKE
TRAGJIKE
HUMOR

67 - Geografia

```
E Y I Z A R X Y R H F A D Y Q J
Y H L N G G K T B F D K Y Y Q S
G J A T Ë S I A R E F S I M E H
V U U H E N R S R A J O N O E C
R K J U L D E K Ë G M Z G U C S
M O E I N Q V E D T E T Y Q B K
E N H V E N D I P H R H A R T Ë
R T L U M I U S A L T A A L V E
I I L D I T N Ë K A K J L O T H
D N U B D N J R D M G G I I G J
I E H M N E X E L F Z H O J D A
A N S Z Ë L V J B O T Ë A O P Q
N T I B R L S G Z M X N L V E M
Y Z H O E T E R R I T O R I B Y
A K H H P H R K W M H G X Z D F
T U P B T X W A V E P Q G F G R
```

LARTËSI	DET
ATLAS	MERIDIAN
QYTET	BOTË
KONTINENT	MAL
HEMISFERA	VERI
LUMI	PERËNDIM
ISHULL	VENDI
GJERËSI	RAJON
GJATËSIA	JUG
HARTË	TERRITORI

68 - Cibo #1

```
N N B O R Z I L O K L N F E S Y
G E E W E I J Ë T W V F I L P D
N N H S Q K D T V Q C F C B I Y
R E C K E J O A W R V E P H N B
U X B H H D Ë L L E N A K P A A
X H B Q S J W L K H A W V O Q V
T I Q W W Z X A K D T W R A U H
C K S U U D E S E Y N I C W K Z
F W W J J X D A T R Y H O Y M K
S U P S F I D F Q T N N S L I K
Q E P Ë P E R R Ë H D U H I W A
T Q K H D W R W Y S W K K M M R
O T R D N A X E Y E H D J O T R
R D I R L Ë N G S L I J H N D O
T Q P A E C J U Q U M Ë S H T T
Ë A Ë D H J N L T L X R V T R A
```

HUDHËR
BORZILOK
KANELLË
MISH
KARROTA
QEPË
LULESHTRYDHE
SALLATË
QUMËSHT
LIMON

NENEXHIK
ELB
DARDHË
RREPË
KRIPË
SPINAQ
LËNG
TUNA
TORTË
SHEQER

69 - Etica

```
E K I T A M O L P I D Y U U R F
R A S Ë R I M A H S A D Y R E I
A I R K A I I A L L C V H T A L
C N D S S I M I M T O N O Ë L O
I T C F Y Y F R Z N R X I S I Z
O E N T T E R Ë Z S O U M I Z O
N G D R Y E S M R J B C I Z M F
A R F Y B H L H X V F T N Z I I
L I S Ë R I M S M X N J U V M Y
I T A W R U E R I E X K P L I I
T E Q Z T O L E R A N C Ë E Z U
E T K V F U N D U A V O K R Ë X
T I W P I D H N D U P S H A R Y
I D I N J I T E T G G J S T E E
W D H E M B S H U R I C A Q J Y
O P T I M I Z Ë M X U Z B T N B
```

ALTRUIZMI
DASHAMIRËS
DHEMBSHURI
BASHKËPUNIMI
DINJITET
DIPLOMATIKE
FILOZOFI
MIRËSI
INTEGRITETI
NDERSHMËRIA

OPTIMIZËM
DURIM
E ARSYESHME
RACIONALITETI
REALIZMI
URTËSI
TOLERANCË
NJERËZIMI
VLERAT

70 - Aeroplani

```
T P H L E A T M O S F E R Ë M P
U N I A K N T U J S G M P H O A
R D D F U I D P V W U L V E T S
B M R X I O O Ë I F T L S R O A
U O O M P Z X H R P C M Q O R G
L S G I A D A E J T I R B Z D J
L H J P Z A I W A T I L C K I E
I N E R H T S H Ë N M M O N Z R
R T N P I S Ë T R A L L I T A G
A Z W H R A T D U R D D O G J G
C L G C O S R T T U R U C A N G
O Z O O T X A K N B E E L T I N
K W I U S N L R E R J B C J O W
I A X Q I E L L V A T J J O E A
L C L S H Z P N A K I U O A F D
V L D U Z H E C A B M U L L U T
```

LARTËSIA
LARTËSI
AJRI
ATMOSFERË
ULJE
AVENTURË
KARBURANT
QIELL
NDËRTIMI
DIZAJNI

DREJTIM
ZBRITJE
EKUIPAZHI
HIDROGJEN
MOTOR
TULLUMBACE
PASAGJER
PILOT
HISTORI
TURBULLIRA

71 - Governo

```
D D J D S L A I G Q O Z L G K N
I L C S P O N G A K I T I L O P
S A G V I J P Z K O I E L K M D
K A K W D S Ë Q E H Ë H D U B E
U P S N V I E K L L S K P D Ë M
T A T N E M U N O M I N M L T O
I V I A A B M B L X P V O Q A K
M A R T R O S Ë Q Y J G I D R R
Q R U U E L U K O P F Z S C E A
Y Ë L T P T A N O P R C Ë L B C
T S O E F F H N I M I W T I A I
E I F T B O T S Q Z B V J G R X
T A Ë H T I C J L M F I E J A N
A Q T S U H S Y P A P R R O Z K
R C L U B N F L I G J I D R I M
I C U K G D R W N R M L R E L J
```

UDHËHEQËS	LIGJORE
QYTETARI	LIGJI
CIVILE	LIRI
KUSHTETUTA	MONUMENT
DEMOKRACI	KOMBËTARE
TË FOLURIT	KOMBI
DISKUTIM	POLITIKA
GJYQËSOR	SIMBOL
DREJTËSI	SHTETI
PAVARËSIA	BARAZI

72 - Avventura

```
N O I C A G I V A N O A V U P E
S T O V P K P U I I S H T V F N
F Z L H Ë U T F F S I C A K D T
I P H S R D S I R Ë M I R T E U
D E O I G H M R V R Q N Y O S Z
A A J G A Ë V I Z I I W T E T I
T Z Q U T T O M J T T P A G I A
M P V R I I T H Q H U E N U N Z
B U E I T M L K T S R U T S A M
R U N A J E L A P Ë D Y H I C I
Q A K D A T M G L V Q P G Z I J
Q A E U Ë T N O K A Z A P E O M
A S J A R S H Y D V M I Q T N G
G Ë Z I M I I R A R E N I T I J
E K S K U R S I O N P J K Y O W
D G F Y E R R E Z I K S H M E V
```

MIQ	ITINERARI
AKTIVITETI	NATYRA
BUKURI	NAVIGACION
TRIMËRI	I RI
DESTINACIONI	MUNDËSI
VËSHTIRËSI	E RREZIKSHME
ENTUZIAZMI	PËRGATITJA
EKSKURSION	SFIDAT
GËZIM	SIGURIA
E PAZAKONTË	UDHËTIMET

73 - Forme

```
P X P W C O P V T D X D P P E E
S O E B U K Ë A L O B R E P I H
T K L A N Ë J D W J R N H A D T
E Z A I R D N I L I C Q S N R R
Z Y V J G E I M K M A N O X E E
T A O W E O L A O F L V Q W J K
H A R K P T N R N U J Z S S T Ë
P R I Z Ë M E I D N S G F I K N
K S H E S H I P S G N U E B Ë D
S U D H P O V Q C D X Z R A N Ë
V P R M I Z H D U V H G Ë U D S
C V Z V L V N B I R R E T H Ë H
Z C R G E I Q C C L X B X D S J
K V J A N B L U O V T L B B H Q
I W K T J N S S X V D S J P Y P
D L A B W D V A W O F P P M H S
```

QOSHE
HARK
SKAJET
RRETH
CILINDRI
KON
KUBE
KURVE
ELIPS
HIPERBOLA

ANË
LINJË
OVALE
PIRAMIDA
POLIGONI
PRIZËM
SHESHI
DREJTKËNDËSH
SFERË
TREKËNDËSH

74 - Oceano

```
O D B Z A K G A K A V W I H Y K
S P C K O O Q A V Y F D J D K L
V A R K Ë R M B F A S B Y E R E
G F P M D A D I S O L K B L B N
A M E P G L U T J E R Ë S F V Q
B A S G O C Ë D E T I R T I V R
K B H L F V K R I P Ë Z J N P T
A A K O K T A P O D U Q L A N N
R L A Ë K H S E R B A T I C A T
K E Q Z T C K G E N G U M Ë T K
A N E B Z J D E J Y G V R E U J
L A N P E S H K G Y A J W B N M
E I T E D L I D N A K O A G A H
C D Y G H M N D U F A G O L S P
A Z D G A L L O F N D W K K A Q
D G S Z K D U G S T U H I E R J
```

NGJALA

BALENA

VARKË

KORAL

DELFIN

KARKALECA

GAFORRJA

BATICAT

KANDIL DETI

VALËT

GOCË DETI

PESHK

OKTAPOD

KRIPË

GUMË

SFUNGJER

PESHKAQEN

BRESHKË

STUHI

TUNA

75 - Famiglia

```
Q O U T P Q S A F K C M N Ë N A
U I D Q L W A R M G J Y S H I I
P A R A A R D H Ë S O K Ë M P R
Z J P B W J L N W B U R N O I Ë
U H A A O Z A L L Ë V Y Ë T N J
U S A B H J L U B T B P N Ë C I
B Y I O A A T Ë R O R E B R D M
D J H P L V F S S G B U R R I Ë
E G X N L B E E K Y N L S J Z F
G Z X C Ë N Y B Q L F E E N T Q
U I K Y B Q D M B Y Ë Z J A V U
X H A X H A I C U X M N D E L X
Q V O P G A B M Q X I E G A R E
Z L C K U S H Ë R I J B R J I D
H R X B E L S H N J Ë Q C Y F Q
F K A H A K O S J Z L N D Y G T
```

PARAARDHËS
FËMIJË
KUSHËRI
VAJZË
VËLLA
FËMIJËRIA
NËNA
BURRI
NËNËS
GRUAJA

NIPI
MBESË
GJYSHJA
GJYSHI
BABA
ATËRORE
MOTËR
HALLË
XHAXHAI

76 - Creatività

```
S A V V I T A L I T E T I S I M
H P N I T E T I S N E T N I W U
P Ë D S Z A E M O C I O N E T Y
R R J Ë T I U T N I T S X X D D
E S E T P V O F R Y M Ë Z I M I
H H S R S W I N G C L N I K Z Z
J T I A F H A Q E N A T N O P S
E Y N Q U Y Q I K T Q V X Y K Y
K P I T E T I C I T N E T U A H
R J A R W M H J T I M A Z H I C
I E U F Q M A J S D J J Q K X L
J C Q Y T U E K I T A M A R D E
U K Y R I Ë X G T A J N E J D N
E E M P A Y S Y R I X B X D B H
S V P K K U Z I A W T A Q I Z J
I M A G J I N A T Ë U X E U M X
```

AFTËSI
ARTISTIKE
AUTENTICITETI
QARTËSI
DRAMATIKE
EMOCIONET
SHPREHJE
IDE
IMAGJINATË
IMAZHI

PËRSHTYPJE
INTENSITETI
INTUITË
KRIJUES
FRYMËZIM
NDJESI
NDJENJAT
SPONTANE
VIZIONET
VITALITETI

77 - Veicoli

```
B S N T R A K T O R L H F O S F
H Y P Ë B T C S D J W M R Z A Y
J M A C N A L U B M A J I O E S
P E V A O D T B Y F G F V C R S
C T F A R E E O F I M D H L O D
O R Q G L R O T O M Z S O C P E
Y O Q C V N Q U Ë U C D G T L T
U E J U R N M A F S F Q D R A L
S K U T E R I G U J E F O A N I
K R H R E T P O K I L E H G G I
A Q A L M S H M X B G R N E A M
R N R K I R F A J K V N B T E D
V T I B E V A R K Ë D R J O T X
A I S K A T B I Ç I K L E T Ë E
N O I M A K Ë A C P J R V B L G
T R E N G M N T D M U H E A W T
```

AEROPLAN
AMBULANCA
MAKINA
AUTOBUS
VARKË
BIÇIKLETË
KAMION
KARVAN
HELIKOPTER
METRO

MOTOR
GOMA
RAKETË
SKUTER
NËNDETËSE
TAKSI
TRAGET
TRAKTOR
TREN
RAFT

78 - Natura

```
S M U S Q M F S Z S M M U I F K
H J X J H T E J G Z T Ë T E L B
K E B E M E B X J C G R F I Q D
R G B T R D N Q E T Ë Z E Z Q C
E U U Ë S I T J P G P D P H Y K
T L K S N N K I T K R A U W Ë A
Ë L U O N A U T M Ë T E R A Q F
T N R R R M B C A E R D K X B S
I C I E P I D C L T W O F B X H
R P Y L L K H O E F Q V R K W Ë
Ë C R Ë G E I R T C W K K J A T
A K U L L N A J Ë G R I A O A R
L A K I P O R T U F A L Z G L R
C U M U E R C L Q O Y P D W P G
I X M D Y M Z L C C I R T B H E
C D L I N O I Z O R E S A E E F
```

KAFSHËT	AKULLNAJË
BLETËT	MALET
ARKTIK	MJEGULL
BUKURI	RETË
SHKRETËTIRË	STREHË
DINAMIKE	SHENJTËRORJA
EROZIONI	I EGËR
LUMI	QETË
GJETH	TROPIKAL
PYLL	JETËSORE

79 - Balletto

```
T  K  M  I  I  N  T  E  N  S  I  T  E  T  I  B
E  Ë  U  M  R  O  S  J  A  F  T  Ë  S  I  S  A
K  N  Z  Q  O  N  E  T  Z  B  N  C  S  W  H  L
N  D  I  W  T  F  J  I  A  B  I  N  J  R  P  E
I  S  K  Z  I  Y  G  K  T  I  Y  E  F  J  R  R
K  H  A  Q  Z  H  Q  O  M  T  X  I  Y  L  E  I
Ë  Ë  J  E  O  O  Q  R  M  J  K  D  J  Q  H  N
A  M  D  M  P  V  T  T  R  U  O  U  S  H  Ë  A
Ë  R  A  T  M  I  C  R  Ë  K  R  A  C  B  S  Q
K  Y  T  I  O  D  I  A  T  S  E  W  R  L  E  O
I  E  Z  I  K  M  C  U  S  U  O  S  T  I  L  I
T  P  A  U  S  Ë  T  D  E  M  G  O  S  J  Z  N
K  L  R  Q  R  T  B  A  K  K  R  J  J  Y  A  G
A  I  F  O  L  I  I  E  R  Z  A  T  C  F  L  M
R  U  A  E  V  R  X  K  O  F  F  Q  T  V  S  S
P  Y  I  O  G  A  W  Z  E  P  I  X  T  N  F  O
```

AFTËSI	INTENSITETI
DUARTROKITJE	MUSKUJT
ARTISTIKE	MUZIKA
BALERINA	ORKESTËR
KËRCIMTARË	PRAKTIKË
KOMPOZITOR	PROVA
KOREOGRAFI	AUDIENCË
SHPREHËSE	RITËM
GJEST	STILI
KËNDSHËM	TEKNIKË

80 - Paesi #1

```
L G P G A T U W F R S S I N I F
S P A N J Ë X L E U I J F E N I
S E N E G A L P Y M G R Y C D N
P O L O N I I N L A X J A L I L
V S X B J L F H J N L Q E K Y A
F S J B C A S S X I N R H O H N
W N F I I M R N A O Z N A R R D
N O R V E G J I H P B W X A L A
P T J K D J M L P A K M L M I G
U I N A M R E J G N A V A A B A
X L C R M C H H Z A N I I K I B
V E N E Z U E L Ë M A E S H M R
V A E G J I P T Q A D T U H F A
I R T B V P Y P H Y A N N R A Z
E Z F R Q N M L B F L A A Q N I
V I T R H L B D J X M M O I D L
```

BRAZIL	MALI
KAMBOXHIA	MAROK
KANADA	NORVEGJI
EGJIPT	PANAMA
FINLANDA	POLONI
GJERMANI	RUMANI
INDI	SENEGAL
IRAK	SPANJË
IZRAELIT	VENEZUELË
LIBI	VIETNAM

81 - Geometria

```
K  H  S  Ë  D  N  Ë  K  E  R  T  U  M  S  R  L
I  U  O  Q  J  G  U  M  D  L  P  D  R  B  Q  L
C  A  R  R  Ë  M  U  N  N  F  L  Q  Z  L  L  O
U  D  I  V  I  S  I  P  Ë  R  F  A  Q  E  A  G
Y  C  I  C  E  Z  D  K  E  U  X  T  V  L  R  A
M  L  W  C  X  N  O  I  R  F  N  E  D  A  T  R
E  Y  P  J  E  S  Ë  N  A  U  D  O  O  R  Ë  I
K  F  Q  U  T  C  A  O  T  M  I  R  E  A  S  T
U  S  I  M  E  T  R  I  A  A  E  I  B  P  I  J
A  K  U  P  M  X  Q  S  S  S  L  T  N  Ë  A  A
C  F  D  L  J  H  E  N  E  N  Q  E  R  K  A  E
I  W  W  V  S  T  N  E  M  G  E  S  H  I  W  A
O  L  V  L  R  E  D  M  I  U  O  W  Q  J  R  M
N  O  L  S  N  R  F  I  L  I  Y  P  W  G  L  T
I  P  T  U  A  R  I  D  N  Ë  K  A  P  O  Z  F
V  E  R  T  I  K  A  L  E  P  F  H  Y  L  I  Z
```

LARTËSIA
KËND
LLOGARITJA
RRETH
KURVE
DIAMETRI
DIMENSIONI
EKUACIONI
LOGJIKË
MESATARE

NUMËR
HORIZONTALE
PARALEL
PJESË
SEGMENT
SIMETRI
SIPËRFAQE
TEORI
TREKËNDËSH
VERTIKALE

82 - Foresta Pluviale

```
J  R  Q  W  M  V  T  L  T  R  B  Q  I  C  L  I
R  E  S  J  I  Y  D  S  A  U  O  N  F  E  Y  K
E  S  I  M  R  O  S  W  S  A  T  A  S  T  F  J
S  T  V  M  Y  I  V  H  B  J  A  R  Y  T  A  N
P  A  S  T  R  E  H  Ë  K  T  N  L  G  E  K  E
E  U  C  W  I  F  F  T  U  J  I  U  J  T  O  J
K  R  W  C  E  P  E  E  V  A  K  M  I  K  M  G
T  I  T  E  T  I  S  R  E  V  I  D  T  E  U  I
X  M  Ë  R  E  L  V  E  M  N  B  Y  A  S  N  D
X  I  B  O  B  I  D  I  Q  Q  G  B  R  N  I  U
H  Z  I  Y  C  R  D  Z  Ë  E  M  Y  Ë  I  T  A
U  C  F  Q  L  F  C  W  T  H  X  M  T  Y  E  S
N  Q  M  Q  C  M  B  I  J  E  T  E  S  A  T  K
G  E  A  L  W  Q  T  D  G  U  N  G  D  E  I  T
Ë  K  L  I  M  A  A  F  O  L  L  O  J  E  T  R
L  U  W  W  B  G  R  Q  Z  B  Y  I  E  G  V  L
```

AMFIBËT	NATYRA
BOTANIK	RETË
KLIMA	RUAJTJA
KOMUNITETI	ME VLERË
DIVERSITETI	RESTAURIMI
XHUNGËL	STREHË
AUDIGJEN	RESPEKT
INSEKTET	MBIJETESA
GJITARËT	LLOJET
MYSHK	ZOGJTË

83 - Edifici

```
A P A R T A M E N T H S S F Y P
S G Z P F U C F X K C F T E N A
W Q I F X A D A S A B M A R U J
C R Q D C S T B B B L W D M E F
K U L L Ë G E C B I V W I Ë L G
K I N E M A K C E N G J U L C L
U H A M B A R Ë D A Ç C M L N L
D H L D M G A O I C O N I E D K
E O L X F A M W T F A B R I K Ë
T T O I M V R M Q A F R S F B Y
Q E K D C G E E Z I R T A E T Q
Y L H I S U P E N V V O I I V Y
X Y S S O D U P V M P Q B K X X
S P I T A L S Q K F U C G A B U
O B S E R V A T O R I Z A P L N
K Ë S H T J E L L A T D E L Q A
```

AMBASADA
APARTAMENT
KABINA
KËSHTJELLA
KINEMA
FABRIKË
FERMË
HAMBAR
HOTEL
LABORATOR

MUZE
SPITAL
OBSERVATORI
SHKOLLA
STADIUMI
SUPERMARKET
TEATRI
ÇADËR
KULLË

84 - Malattia

```
I  M  O  R  D  N  I  S  R  F  I  B  S  R  Z  N
M  P  W  K  A  K  U  T  E  K  D  A  H  E  K  Q
U  B  U  K  R  A  B  L  O  L  O  J  Ë  S  W  P
N  E  I  R  J  Z  U  S  I  Q  B  D  N  P  D  L
I  F  M  I  T  A  M  Z  E  P  Ë  K  D  I  E  R
T  P  U  L  M  O  N  A  R  F  T  K  E  R  J  L
E  R  O  M  I  G  Ë  H  S  A  R  T  T  A  N  L
T  N  E  U  R  O  P  A  T  I  A  L  I  T  T  K
I  A  L  E  R  G  J  I  G  G  R  P  F  O  O  M
J  I  G  K  S  N  X  I  K  L  W  K  N  R  N  E
Y  P  I  I  M  Ë  L  P  A  V  Q  X  S  E  B  S
I  A  J  N  Z  X  T  J  A  H  T  N  T  B  O  I
E  R  V  O  V  E  E  I  N  E  Q  Ë  R  I  M  T
Q  E  P  R  K  Q  M  E  J  T  H  E  W  H  G  B
L  T  T  K  G  M  B  R  W  G  K  D  E  J  W  Z
G  J  E  N  E  T  I  K  A  K  N  C  B  F  E  R
```

AKUTE
BARKU
ALERGJI
MIRËQENIE
NGJITËSE
TRUPI
KRONIKE
ZEMRA
I DOBËT
TRASHËGIMORE

GJENETIK
IMUNITETI
PEZMATIM
MESIT
NEUROPATIA
PULMONAR
RESPIRATORE
SHËNDETI
SINDROMI
TERAPIA

85 - Paesi #2

```
X G H L R Z P I N D O N E Z I U
H R P A K H Z A I R Ë P I Q H S
A E J P I S U R K L K E E B K Q
M Q O E R T M D T I I W Ë U V U
A I U N E D I C W T S U N E M M
J S L J B F A O A Y K T I S I B
K N A T I G G N Q E E V A Y N Y
A I O Z L Y E Q I Q M F R N F X
N C S Y P Q P J S M T R K G U U
U E J O X G P Ë D N A G U U X V
G N I F S U D A N O D R Z N E P
E T I O P I R E G I N I K X X C
R X W K F J K Z W V A R X Ë U S
X H Q R K S F L C M L L A K X M
T H S I R I Y Y M E R D D P S A
U U Q V U J A P O N I C Y C S H
```

SHQIPËRIA	LIBERI
DANIMARKË	MEKSIKË
ETIOPI	NEPAL
XHAMAJKA	NIGERI
JAPONI	PAKISTAN
GREQI	RUSI
HAITI	SIRI
INDONEZI	SUDAN
IRLANDA	UKRAINË
LAOS	UGANDË

86 - Tipi di Capelli

```
Z P R A P I T H A T Ë I L M Z I
Z W L B U S N I B S H H Q K G S
C U R L S H E K U O N O X R Ë H
E N D U R Ë F N T L X L D O R K
G J A T Ë N J I Ë E N L W J S U
B J O N D D K Y S R B Ë L G H R
E Z E Z Ë E F A K R M A D G E T
E F Y A I T V E T U V E R I T Ë
O T Y U B S Y B W Ç O S O D A R
S E R Z J H B N G A L U J N H T
O K B A U Ë Q J B K Q X N E D Ë
S T U O S M W F R R K D T J M E
W W V N U H Y T U L L A C G H J
H R S W L H Ë A A Z M G A R S B
M E N G J Y R Ë M W I R F A A B
S Y T J B A G T Y S K Y W C X T
```

ARGJENDI
THATË
E BARDHË
BJOND
I SHKURTËR
TULLAC
ME NGJYRË
GRY
ENDUR
GJATË

KAFE
BUTË
E ZEZË
ME ONDE
KAÇURREL
CURLS
I SHËNDETSHËM
I HOLLË
E TRASHË
GËRSHETA

87 - Vestiti

```
D I F U L P S V E S H J E K K X
X A T R K I I K Y L Y Z Y B A T
M O D A J Z Q R A H X Y X B P D
Q T Q N M H Z L R J C C L O E L
A N O L L A T N A P F J Y D L Y
X H I N S M L M Y Q P V A O Ë X
B L U Z Ë A C D T P M J G R V H
O L R A G H Q M S P D K S E D S
N A W L J T S M J Y Z S E Z T H
X H O Q R A Q I E U P V R A Y I
H S T M B B S I M W N T R I R W
A Q L Z T M F H R Ë O U P I K E
K P L A T F O R M Ë K Y F A D V
E S A N D A L E K I I F Q G O E
T F P O T T J N A D R E J G S G
Ë I K J O A C N R I T B R I F K
```

VESHJE	PLATFORMË
BYZYLYK	DOREZA
BLUZË	XHINS
KËMISHË	TRIKO
KAPELË	MODA
PALLTO	PANTALLONA
RRIP	PIZHAMA
GJERDAN	SANDALE
XHAKETË	MBATH
SKAJ	SHALL

88 - Attività e Tempo Libero

```
I  J  I  B  D  I  H  E  Y  B  O  O  S  Z  B  V
L  P  C  A  L  M  W  A  J  G  X  Q  C  C  E  X
A  J  B  S  D  I  S  E  Q  T  D  R  C  Z  E  G
P  R  D  K  N  K  Q  K  D  P  M  J  T  X  H  B
I  A  T  E  S  H  O  V  O  L  E  J  B  O  L  L
K  Z  O  T  Ë  S  X  P  X  B  U  Y  J  A  Z  I
T  A  V  B  R  E  X  X  S  Ë  T  U  B  Z  H  W
U  P  P  O  F  P  R  T  I  H  J  D  A  K  Y  F
R  J  B  L  K  G  G  N  N  I  T  J  W  T  T  S
A  T  M  L  J  O  S  O  E  N  C  A  U  G  J  A
D  E  M  O  L  L  O  B  T  U  F  S  R  N  E  O
K  H  L  D  I  F  A  M  X  N  L  T  B  I  W  Y
U  O  U  D  H  Ë  T  I  M  I  O  L  O  P  Q  X
W  B  K  K  H  U  L  N  U  X  X  T  K  M  F  I
W  I  L  L  O  B  S  J  E  B  M  S  S  A  R  E
L  F  P  H  D  D  T  N  P  F  G  N  I  K  I  H
```

ART
BEJSBOLLI
BASKETBOLL
BOKS
FUTBOLL
KAMPING
HIKING
KOPSHTARI
GOLF
HOBI

ZHYTJE
NOT
VOLEJBOLL
PESHKIMI
PIKTURA
ZBUTËS
PAZAR
SËRF
TENIS
UDHËTIMI

89 - Arte

```
P  J  L  W  C  P  L  E  T  H  J  E  S  H  T  Ë
O  P  O  E  X  Y  E  T  K  N  P  W  M  R  B  V
R  O  M  U  H  S  C  R  U  I  N  O  J  I  R  K
T  P  A  R  U  G  I  F  S  U  M  D  S  E  A  S
R  I  J  V  M  D  M  T  E  O  F  A  D  I  S  U
E  K  R  I  F  D  Z  J  A  W  N  D  R  L  Q  B
T  T  Ë  Z  W  B  I  K  N  Z  F  A  C  E  H  J
I  U  B  U  S  M  L  O  B  M  I  S  L  S  Q  E
Z  R  R  A  F  Q  A  C  J  R  F  Z  K  E  D  K
O  A  Ë  L  I  H  E  J  H  E  R  P  H  S  V  T
J  M  P  E  V  U  R  A  U  Z  Ë  M  Y  R  F  E
N  Q  F  O  B  V  U  O  R  I  G  J  I  N  A  L
Ë  U  R  N  E  F  S  K  E  L  P  M  O  K  C  L
Y  S  L  Y  L  Z  S  K  U  L  P  T  U  R  Ë  J
Z  P  Q  V  D  I  I  N  D  E  R  S  H  Ë  M  M
P  Z  X  J  P  Q  U  X  V  F  L  L  D  J  T  D
```

QERAMIKE	PERSONALE
KOMPLEKS	POEZI
PËRBËRJA	PORTRETIZOJNË
KRIJONI	SKULPTURË
PIKTURA	E THJESHTË
SHPREHJE	SIMBOL
FIGURA	SUBJEKT
FRYMËZUAR	SUREALIZMI
NDERSHËM	HUMOR
ORIGJINAL	VIZUALE

90 - Meteo

```
V D O L A T T T O R N A D O R Z
J Ë M A F H H C L Z C M D Q X R
I R J K Q A A B L P W I E W M K
S U V U C T T U U I F L Z Y B K
A T E L L Ë Ë G G B H K H T Z C
H A U L A S E B E P U M O Z G X
C R H H K I R C J A E L O O M W
P E S W I A A T M W Z S L K F Q
H P T L P T N X K O I W D I L R
N M G D O R E B L Y B W B B M Q
S E I O R R A T M O S F E R Ë P
L T Z L T U D H Q U V B R T X U
Q L O E L F I A L M I F A I O F
F L L A D E R V O H E B L W A W
Y X X N E A I U M J O N O S U M
L A G Ë S H T Q N S J Q P N N O
```

YLBER
THATË
ATMOSFERË
FLLAD
QIELL
KLIMA
RRUFE
AKULL
MUSON
MJEGULL

RE
POLARE
THATËSIA
TEMPERATURË
STUHI
TORNADO
TROPIKAL
BUBULLIM
LAGËSHT
ERA

91 - Corpo Umano

```
B F T X F Z E M R A G K L L L J
I Ë H U N D Ë K O K I Ë Ë V T C
L L R W T W Z T D D S M K R A B
W I X R K Y Ç R I W H B U I W G
Q A F Ë Y V E S H R T Ë R C V K
D K Y K Y L Q T F F I G Ë Y A M
O O H E H X S G P Y N J S C R P
E J H J N X H L V E T U E W K T
R H T M J Y F E D H N Y Ë Z V G
S U P N R W V O M H S T R K D E
P T P I Q D K Q J L Z R O A N C
M H Q V M Z O G T I Q U D J P K
S V A S F Z S O G D H R H G O D
W Y L Y D O Y A Z U S I G O J A
E K N K V B V C Y B N J K B C K
Y U S R A D L R Z I R P Z L M S
```

GOJA	DORË
KYÇRI	MJEKËR
TRURI	HUNDË
QAFË	SY
ZEMRA	VESH
GISHTI	LËKURËS
FYTYRA	GJAK
KËMBË	SUP
GJU	BARK
BËRRYL	KOKË

92 - Mammiferi

```
M I A X J E M A J M U N E Q U K
U K L W Z R L K A N G U R V E P
G I S X F D L E F Ë L U A N I Q
F O E T P K N I F L E D S U V U
B K R Ë B E Z R O A U J K U Q J
R R U I R A X U H K N Ë O X R Z
W B D N L H L P O R Q T F O T F
W R D Q X L U E Q Ë O O I N S N
O Y D F L D A L N F J J D E L E
F E W K M R Y G F A U O R P X T
D E M X P J C B K R O K K E I I
C O E Y Z D T H U I B B X Y V Q
Z Q W J E K X M B J O V D J X A
U W D C N X U R M G B N J K E Y
Z F M A C E F R H M T L Y K I G
N P N A R D U V B C W D H F C U
```

BALENA
QEN
KANGUR
KALË
DRE
LEPURI
KOJOTË
DELFIN
ELEFANTI
MACE

GJIRAFË
GORILLA
LUANI
UJKU
ARIU
DELE
MAJMUN
DEM
FOKS
ZEBËR

93 - Giardinaggio

```
I  B  L  L  G  B  C  S  A  W  L  Y  B  T  K  E
G  U  R  K  I  U  E  D  R  V  S  Q  B  D  I  K
S  R  W  Z  I  Q  M  Ë  H  S  N  Ë  R  G  N  Z
O  Q  Z  W  T  E  T  H  S  I  M  E  P  L  A  O
G  Y  Y  N  H  T  M  V  A  E  A  K  B  H  T  T
T  O  K  Ë  S  Ë  N  E  R  L  L  K  Y  Y  O  I
L  K  N  T  Ë  N  Y  G  H  A  R  U  C  P  B  K
I  J  S  E  G  U  G  T  E  N  G  K  L  Z  Y  E
L  Q  T  L  A  D  J  N  L  O  S  J  I  D  C  O
Q  I  U  F  L  X  D  I  P  Z  C  O  E  C  Y  I
P  I  S  L  L  Ë  K  U  P  E  Z  T  P  T  S  S
Ç  E  L  K  F  E  X  B  K  S  W  S  A  E  H  C
T  O  X  K  V  L  V  Z  C  U  A  D  R  J  H  N
B  H  F  V  I  G  H  A  P  S  M  P  O  O  X  C
A  K  H  R  H  F  U  V  I  H  F  G  Ç  L  W  D
L  Q  F  A  R  A  M  I  L  K  L  F  Z  L  R  G
```

UJI	GJETH
BOTANIK	PEMISHTE
KLIMA	BUQETË
NGRËNSHËM	FARA
PLEHRASH	LLOJET
ENË	PISLLËKU
EKZOTIKE	SEZONALE
ÇEL	TOKËS
LULES	ÇORAPE
FLETË	LAGËSHTI

94 - Universo

```
F Q I V E I A S T R O N O M R N
B I D W R C I T S L O S D W I A
A E I P O K S E L E T V Z V B V
X L N N L U Ë K I T K A L A G A
Q L O V L V T E D U K S H M E H
K I K M E D A N Ë H N C B D R E
T O E V I G J F R D G B I T O M
M F Z L D R G P I O R B I T A I
U P C M L V O R S T D R I X I S
U X U W I O O E Ë N I E U T N F
X I G Q R K R V R O O G Q Q U E
F S L Q X M E E R Z G H O K S R
G J E R Ë S I O E I I H I I R A
A S T E R O I D I R R T S F E Q
L X X E W O A T M O S F E R Ë D
A S T R O N O M I H F G U W A V
```

ASTEROIDI
ASTRONOMI
ASTRONOM
ATMOSFERË
ERRËSIRË
QIELLORE
QIELL
KOZMIKE
HEMISFERA
GALAKTIKË

GJERËSI
GJATËSIA
HËNA
ORBITA
HORIZONT
DIELLORE
SOLSTIC
TELESKOP
E DUKSHME

95 - Jazz

```
A C U R Z K I Z I K J X D E P X
Z L Z D V O F P M O K Ë N G Ë C
D H B P L N A S P M N A N G U V
S U H U S C M Y R P J A R U G C
T B A C M E S G O O W J I N M J
U A K R Ë R H K V Z A R T I S T
Q T I Ë T T Ë E I I K Ë N S T A
S E Z N I R M G Z T N B E K H H
U R U A R T O I I O X R L E Z E
T I M H E J G K M R T Ë A H K X
E Z M Z E W E P I Ë G P T T M T
K O R K E S T Ë R T G O P N C L
N L S G N I I F M E J A I D H Z
I L I T S C T S N J O E A R O F
K D Y K N K C G Z V N R D R I S
Ë U U I A X Y J F I W V V O X R
```

ALBUM	ZHANËR
DUARTROKITJE	IMPROVIZIM
ARTIST	MUZIKA
BATERI	I RI
KËNGË	ORKESTËR
KOMPOZITOR	RITËM
PËRBËRJA	STILI
KONCERT	TALENT
THEKSI	TEKNIKË
I FAMSHËM	I VJETËR

96 - Vacanze #2

```
O J C P P K W A E R O P O R T X
T Y J H Y O I E A K R S E V V F
H E Z J Q H I V J A U H I U A B
Q A P G U A R R Q M Y T A K S I
D C R X X E R T Q P I G V I O K
T E D T L L U H S I P B Ë O N G
R H S R Ë I E M Y N I D T M T T
A O K T P R N S Q G F S R I K O
N T P E I Ë T I F A R G O T O F
S E L L Ç N P G Q N T K P Ë V S
P L A A A A A W A K T W A H I S
O L Z M O A D C G A R M S D Z I
R A H X W U G Ë I K E I A U A X
T D F G T W J H R O N P P Y A N
I R E S T O R A N T N I U B V X
A I Z F J L A U N C O I Z G U C
```

AEROPORT
KAMPING
DESTINACIONI
FOTOGRAFITË
HOTEL
ISHULL
HARTË
DET
MALET
PASAPORTË

RESTORANT
PLAZH
I HUAJ
TAKSI
KOHA E LIRË
ÇADËR
TRANSPORTI
TREN
UDHËTIM
VIZA

97 - Attività

```
L Y D A L S E F D F V Y I R J X
K E J P E Q F Ç O U O D O Q T H
O N X D E V I L H T G L D I U J
H D A I B U V O B E O Z T S B F
A Q K J M P Z D C T K G X Ë S O
E L I G T I G H V A A N R Q F P
L Z M A V P Q J T N M M G A O K
I R A M G I N E X A P D G N F Y
R A R S F S M G L Z I L J Ë N I
Ë V E K N Ë M I G H N W U K B M
R Z Q L G T T H Z M G W E S T I
A R T A O F G X E Ë K V T W O K
H W N W J A R Ë J O L X I Q I H
K O P S H T A R I Q B L A A A S
A K T I V I T E T I Z M A L E E
S C Q U H I K I N G N F S V E P
```

AFTËSI
ART
ZANATET
AKTIVITETI
GJUETIA
KAMPING
QERAMIKA
QEPJE
VALLËZIMI
HIKING

FOTOGRAFI
KOPSHTARI
LOJËRA
LEXIMI
MAGJI
PESHKIMI
KËNAQËSI
ENIGMA
ÇLODHJE
KOHA E LIRË

98 - Diplomazia

```
Q K O M U N I T E T I A Q I D U
G Y I D P T L H E T I K A O I Y
C I T E T I R G E T N I C D S B
X E F E J H D I J G Z P D R K A
Q E K I T A M O L P I D C E U S
K Y R O D A S A B M A O T J T H
M O T H J O R K R E U R W T I K
K S N E Q D F E I P X Z S Ë M Ë
X Z Z F T Q E V E R I S Ë S Z P
F L X L L A D C E H T G I P U
Y T J Z F I R B Y D A V U O D N
G L C R H A K Ë K R T K L N F I
S I G U R I A T T T K E O Y L M
K Ë S H I L L T A R A J Z U B I
P O L I T I K A L X R Z E E I Y
A M B A S A D A J R T X R A H J
```

AMBASADA
AMBASADOR
QYTETARËT
QYTETARE
KOMUNITETI
KONFLIKT
KËSHILLTAR
BASHKËPUNIMI
DIPLOMATIKE
DISKUTIM

ETIKA
DREJTËSI
QEVERISË
INTEGRITETI
POLITIKA
REZOLUTË
SIGURIA
ZGJIDHJE
TRAKTATI

99 - Forniture Artistiche

```
C C O W G M C E L A B M Ë K E J
X U T M T A V G R E A O Y I J U
K A H I N M M I W X W Y T L B H
P K Y I C Q A R F C O K J I B M
U E J Y R W Z R U T C P G R Z O
I W E B X X A A R S Q A V K L U
I S L E T Ë R K C Ë F S K A I K
B O J Ë E M Y I A T A T N Q J L
Q Y M Y R D R U R I N E G Z U R
W S X T T R I I E J T L J Q A Z
N A R G J I L Ë M G A E Y U R Q
T A B E L A L D A N Z Q R X Ë K
D G O M Ë M J Z K F I W A K J I
B Q U H C S D A V I A R T R O F
L A P S A U N Y A A G R I L B E
B I K S M D W M S F C E K Q X S
```

UJI	GOMË
BOJËRA UJI	IDE
AKRILIK	BOJË
ARGJILË	LAPSA
QYMYR DRURI	VAJ
LETËR	PASTELE
KËMBALEC	KARRIGE
NGJITËS	FURCA
NGJYRAT	TABELA
FANTAZIA	KAMERA

100 - Misurazioni

```
K K O F L S P V U P C S R Z P
A I S Ë R E J G N C O W G K G D
H S L N M X K L D Y Ç N I O S W
S Ë V O K I L O G R A M S M T Q
E L Ë T M C E N T I M E T Ë R T
P L L J Q E P Y I D C X I Q R D
B E L A R Y T H T Y T G A X Z H
M H I B G W R Ë K Z P J K I P J
U T M A I S Ë T R A L A Z K Q E
G Y I K G Ë A U B S I T S J D T
N R E T R T Y N P L J Ë Y E P O
Y B A A A A N I Z K G S J U A R
I F Q M D M G M L J A I B E Z E
J C S L Ë O M W S W S A R G Z V
V L B F S X V Z B J U H X U G O
L I T Ë R P I N T Ë Z D J U O C
```

LARTËSIA

BAJT

CENTIMETËR

KILOGRAM

KILOMETËR

DHJETORE

GRADË

GRAM

GJERËSIA

LITËR

GJATËSIA

MATËS

MINUTË

ONS

PESHA

PINTË

INÇ

THELLËSI

TON

VËLLIMI

1 - Salute e Benessere #2

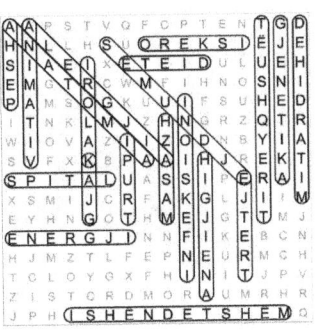

2 - Aggettivi #2

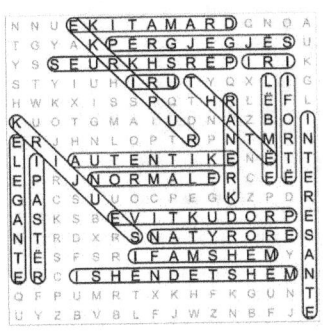

3 - Ingegneria

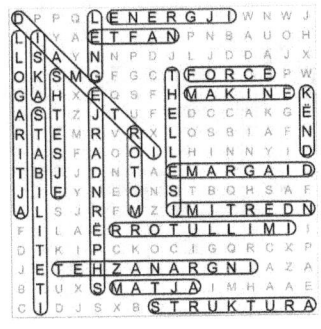

4 - Archeologia

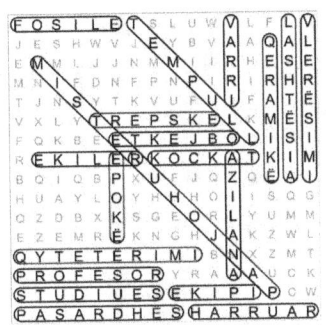

5 - Salute e Benessere #1

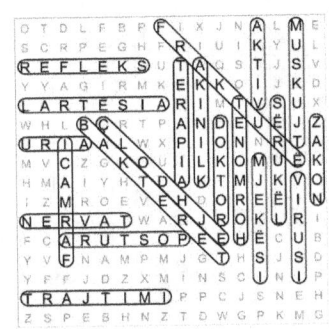

6 - Aggettivi #1

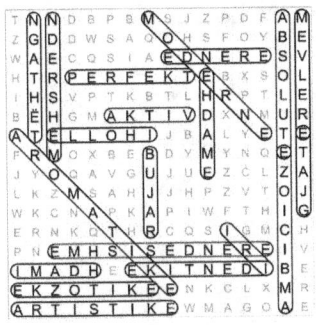

7 - Geologia

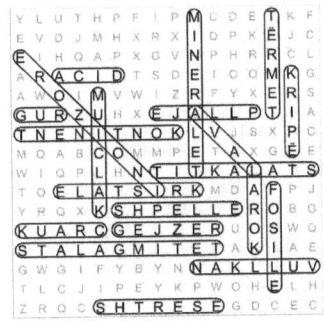

8 - Campeggio

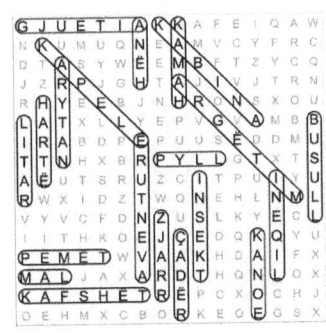

9 - Arti Visive

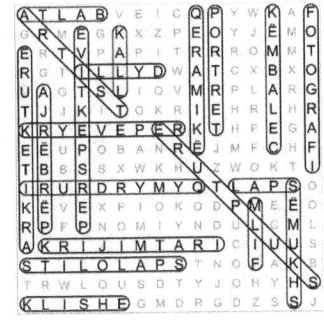

10 - Tempo

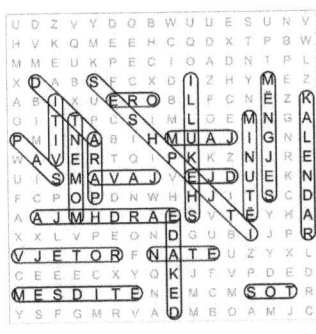

11 - Astronomia

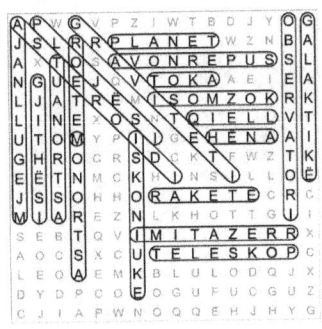

12 - Algebra

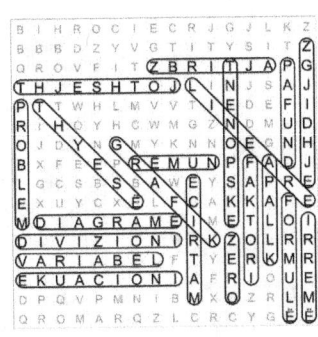

13 - Mitologia

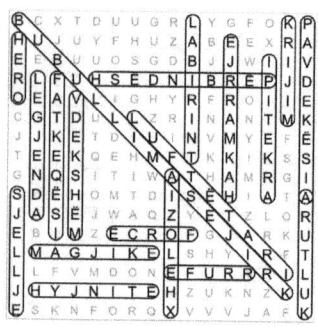

14 - Piante

15 - Spezie

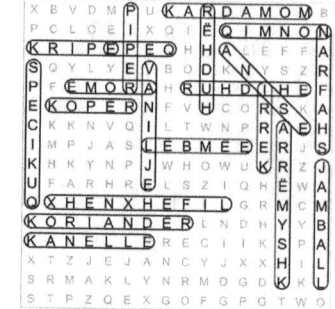

16 - Cioccolato

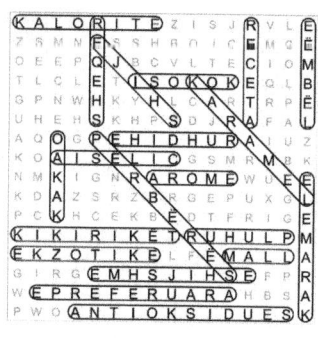

17 - Guida

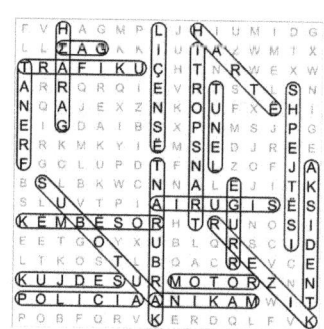

18 - I Media

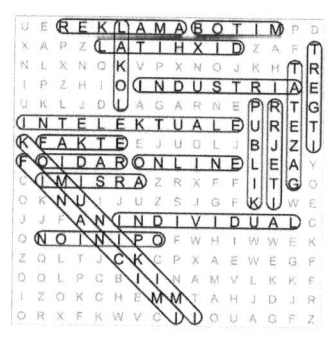

19 - Forza e Gravità

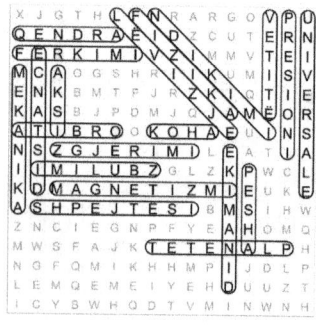

20 - Sport

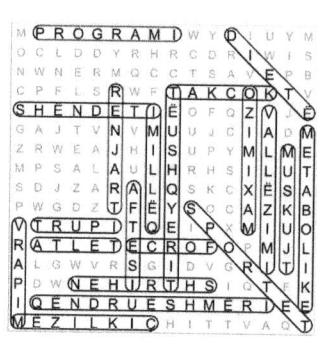

21 - Uccelli

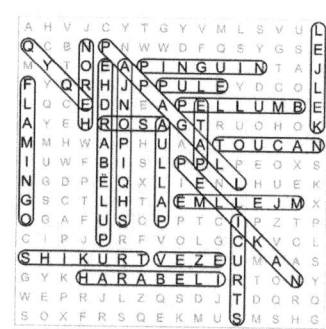

22 - Giorni e Mesi

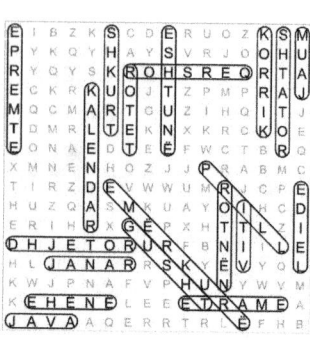

23 - Casa

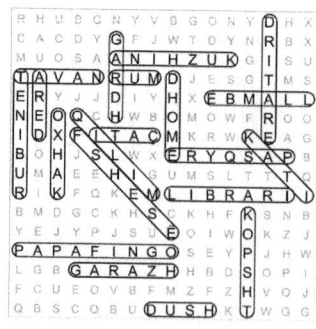

24 - Fantascienza

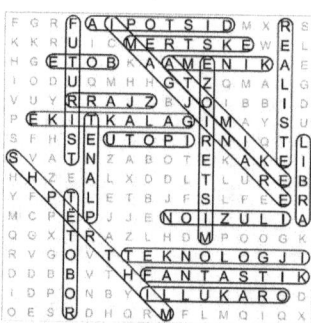

25 - Città

26 - Fattoria #1

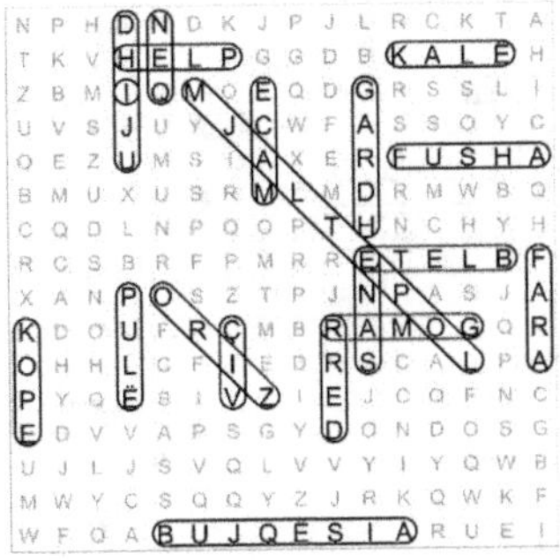

27 - Psicologia

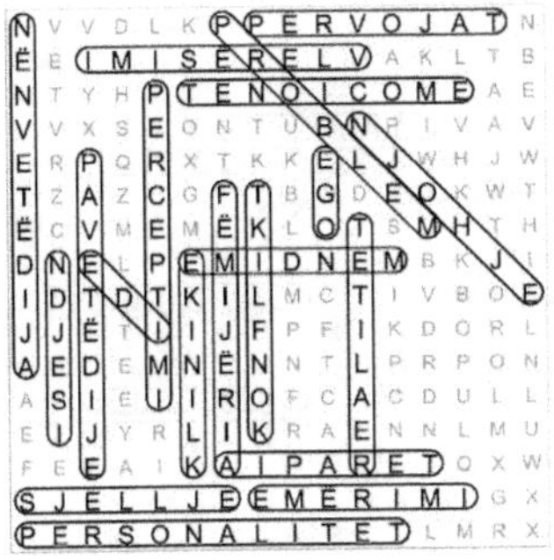

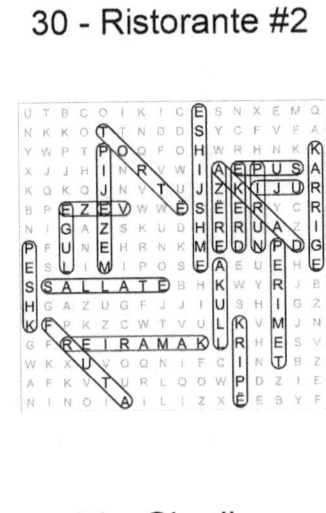

28 - Paesaggi

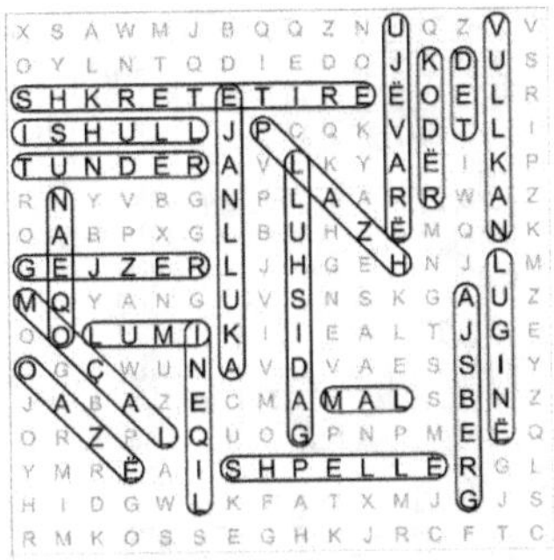

29 - Energia

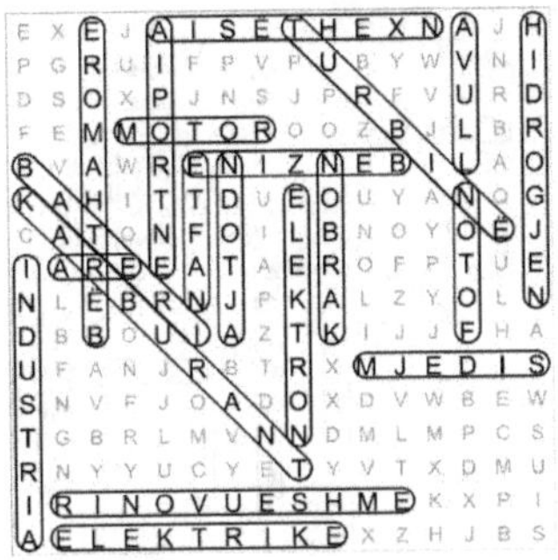

30 - Ristorante #2

31 - Moda

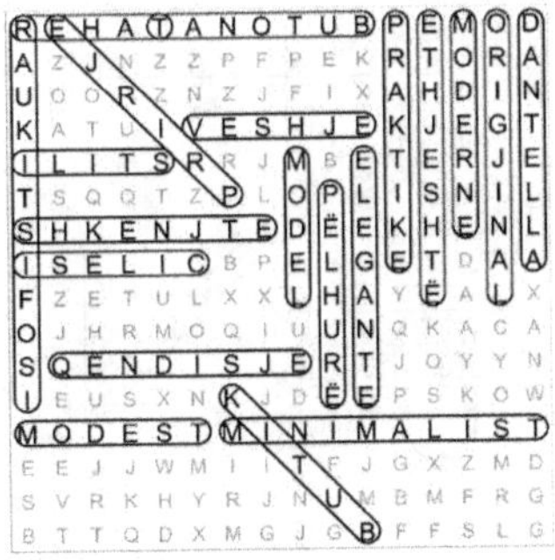

32 - L'Azienda

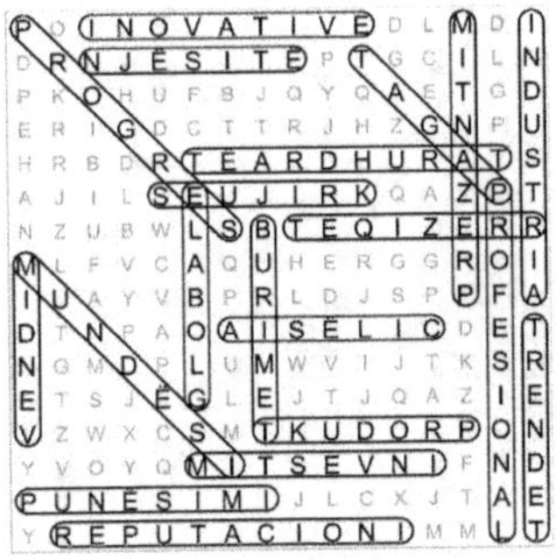

33 - Giardino

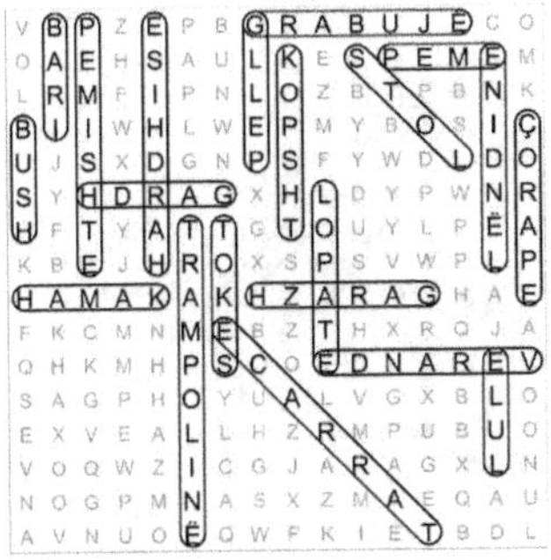

34 - Riscaldamento GI

35 - Frutta

36 - Fattoria #2

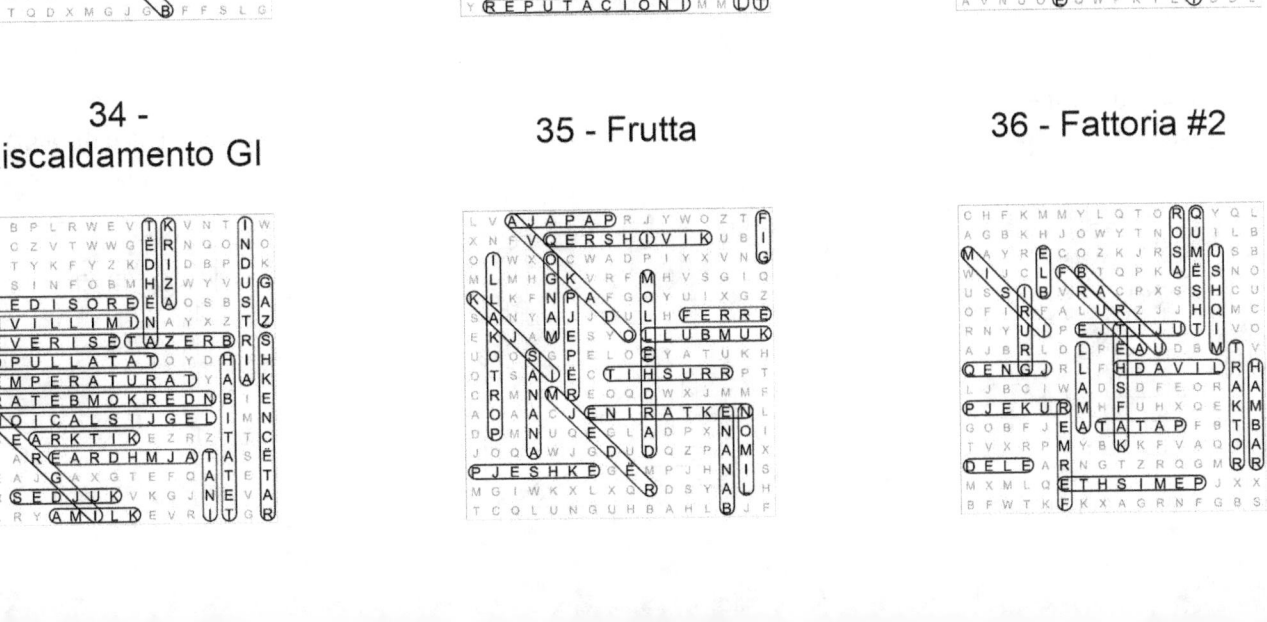

37 - Verdure

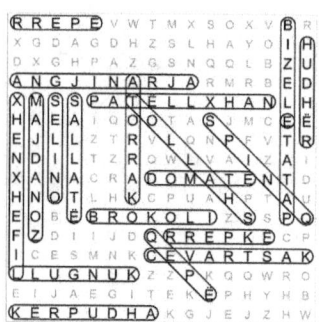

38 - Musica

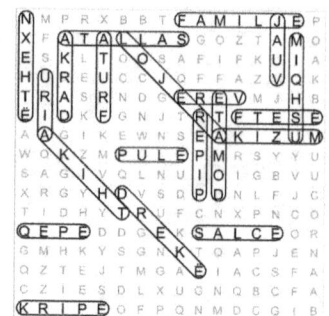

39 - Barbecue

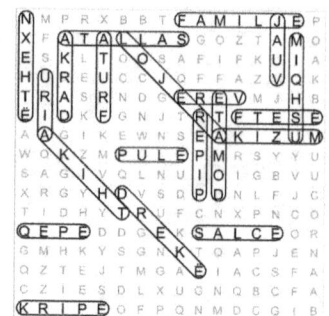

40 - Riempire

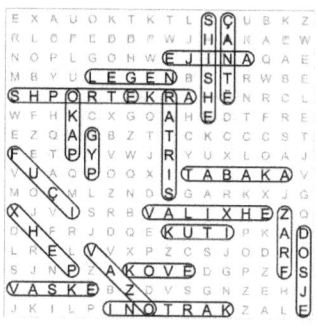

41 - Insetti

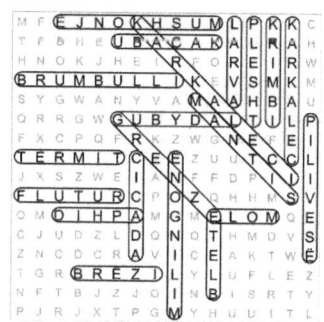

42 - Fisica

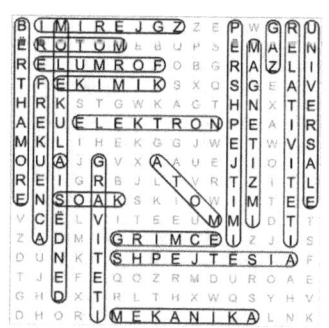

43 - Agronomia

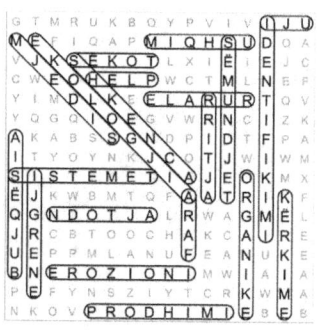

44 - Erboristeria

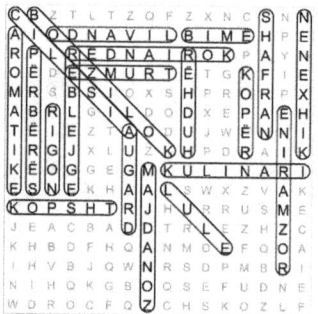

45 - Biologia

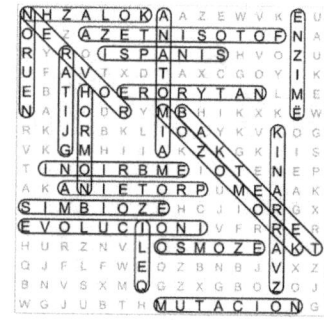

46 - Attività Commerciale

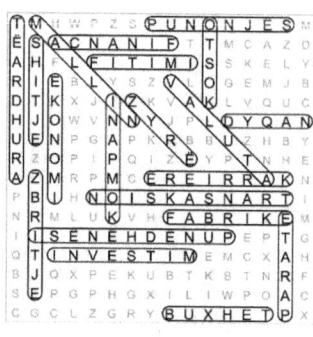

47 - Fiori

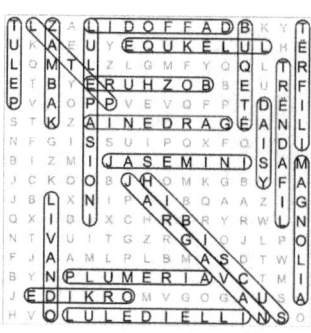

48 - Filantropia

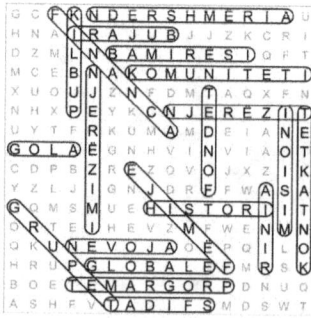

49 - Discipline Scientifiche

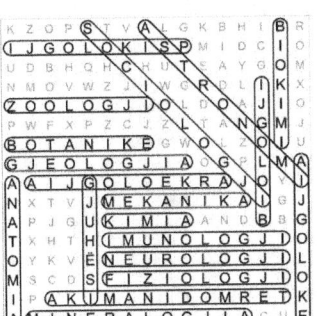

50 - Scienza

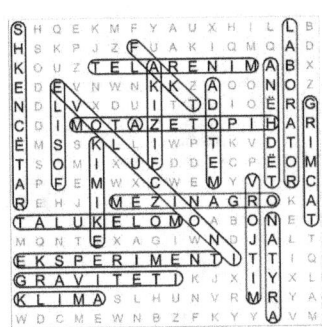

51 - Acqua

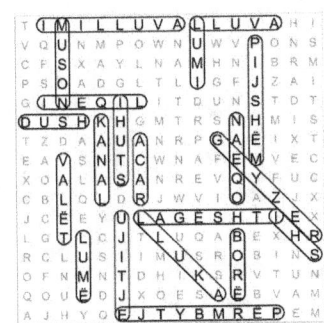

52 - Imbarcazioni

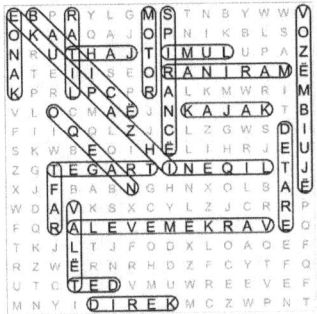

53 - Chimica

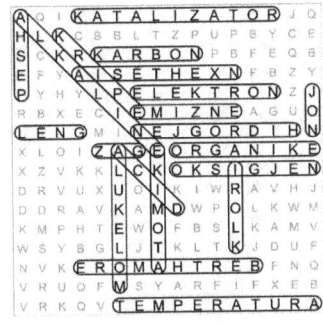

54 - Api

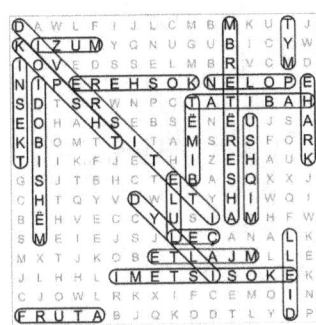

55 - Strumenti Musicali

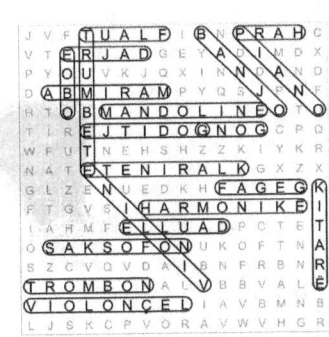

56 - Professioni #2

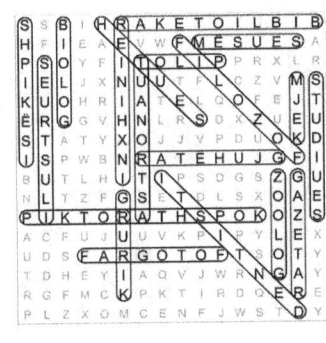

57 - Letteratura

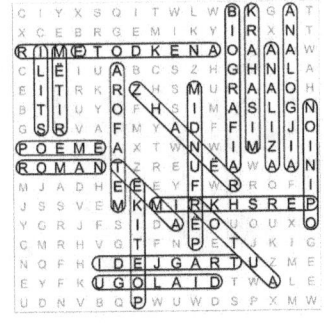

58 - Cibo #2

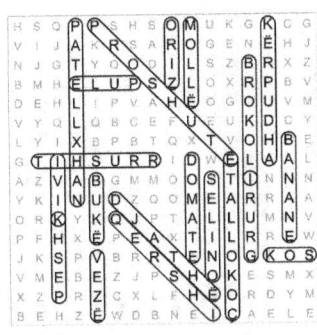

59 - Nutrizione

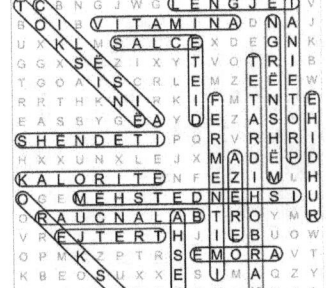

60 - Matematica

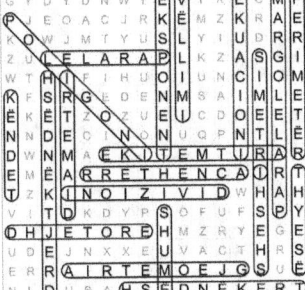

61 - Meditazione

62 - Antiquariato

63 - Escursionismo

64 - Professioni #1

65 - Antartide

66 - Libri

67 - Geografia

68 - Cibo #1

69 - Etica

70 - Aeroplani

71 - Governo

72 - Avventura

73 - Forme

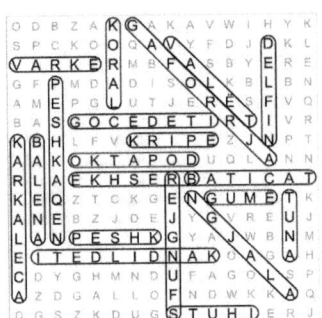

74 - Oceano

75 - Famiglia

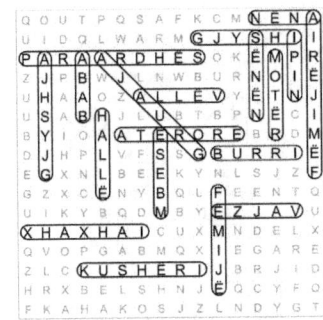

76 - Creatività

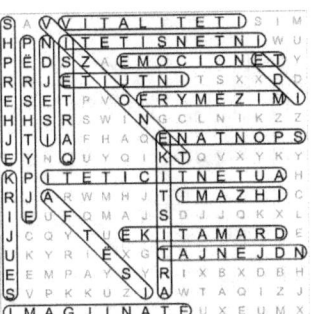

77 - Veicoli

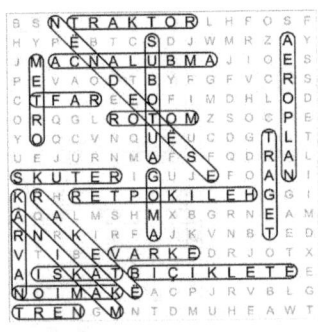

78 - Natura

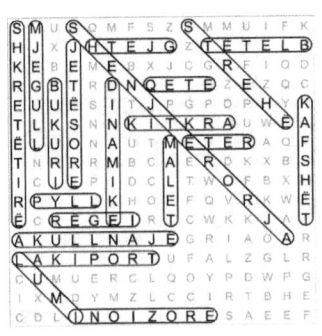

79 - Balletto

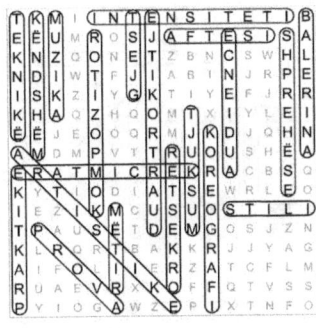

80 - Paesi #1

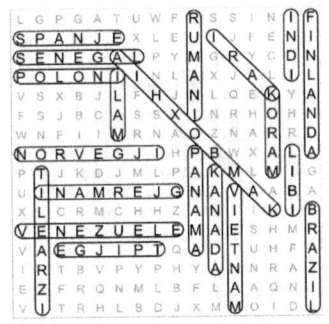

81 - Geometria

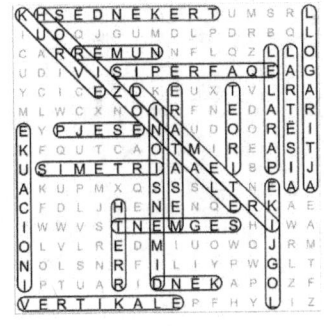

82 - Foresta Pluviale

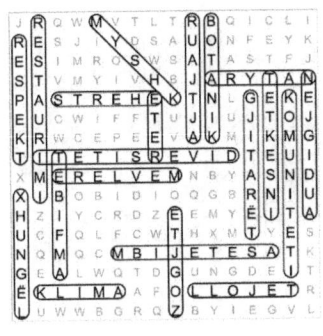

83 - Edifici

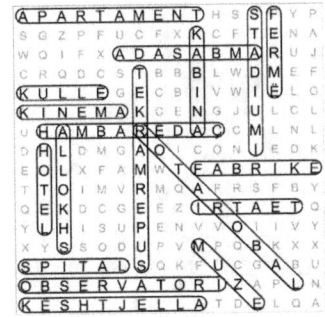

84 - Malattia

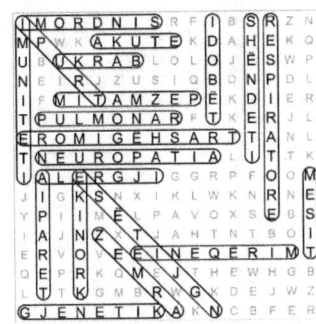

85 - Paesi #2

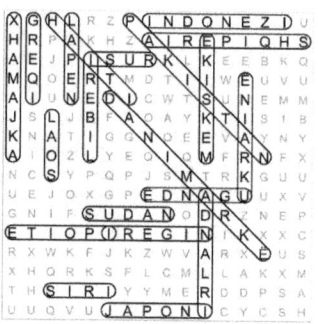

86 - Tipi di Capelli

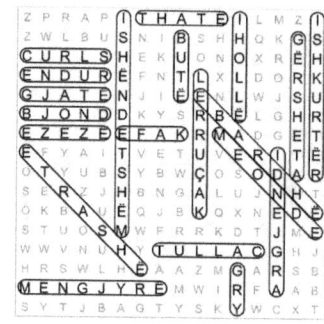

87 - Vestiti

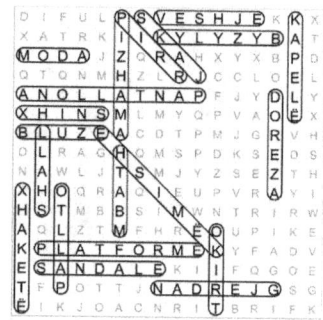

88 - Attività e Tempo Libero

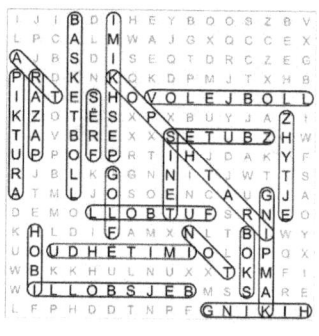

89 - Arte

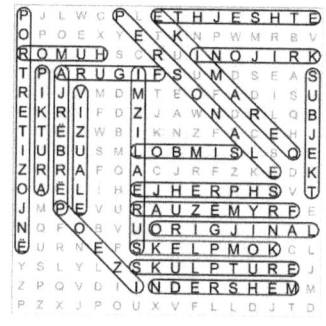

90 - Meteo

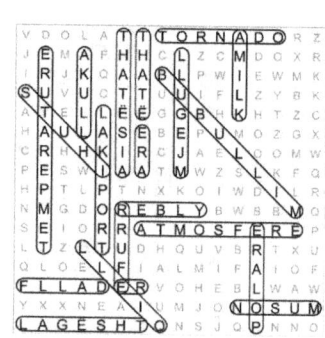

91 - Corpo Umano

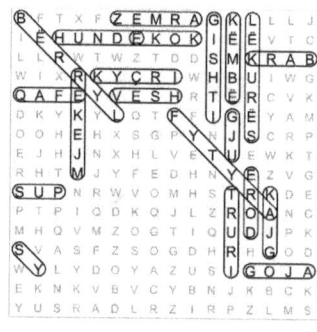

92 - Mammiferi

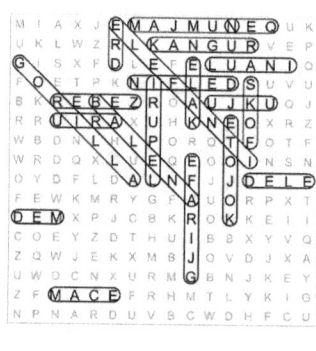

93 - Giardinaggio

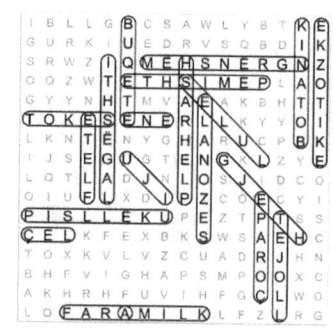

94 - Universo

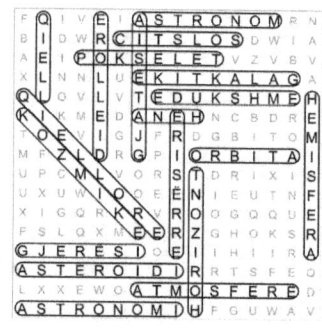

95 - Jazz

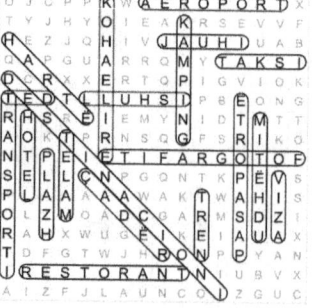

96 - Vacanze #2

97 - Attività

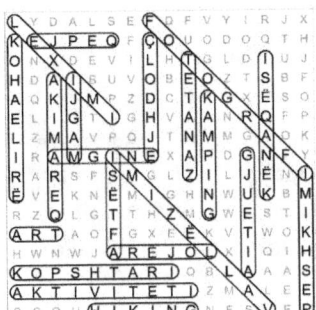

98 - Diplomazia

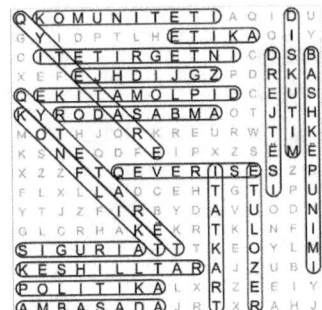

99 - Forniture Artistiche

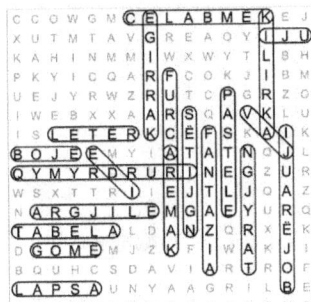

100 - Misurazioni

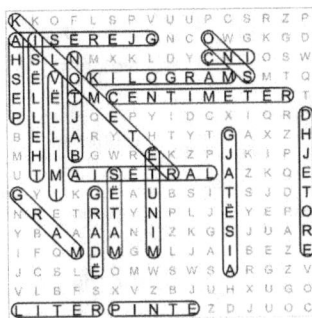

Dizionario

Acqua
Uji

Alluvione	Përmbytje
Canale	Kanal
Doccia	Dush
Evaporazione	Avullimi
Fiume	Lumi
Flusso	Lumë
Gelo	Acar
Geyser	Geyzer
Ghiaccio	Akull
Irrigazione	Ujitje
Lago	Liqeni
Monsone	Muson
Neve	Borë
Oceano	Oqean
Onde	Valët
Pioggia	Shi
Potabile	Pijshëm
Umidità	Lagështi
Uragano	Stuhi
Vapore	Avull

Aeroplani
Aeroplanët

Altezza	Lartësia
Altitudine	Lartësi
Aria	Ajri
Atmosfera	Atmosferë
Atterraggio	Ulje
Avventura	Aventurë
Carburante	Karburant
Cielo	Qiell
Costruzione	Ndërtimi
Design	Dizajni
Direzione	Drejtim
Discesa	Zbritje
Equipaggio	Ekuipazhi
Idrogeno	Hidrogjen
Motore	Motor
Palloncino	Tullumbace
Passeggero	Pasagjer
Pilota	Pilot
Storia	Histori
Turbolenza	Turbullira

Aggettivi #1
Mbiemrat #1

Ambizioso	Ambicioze
Aromatico	Aromatike
Artistico	Artistike
Assoluto	Absolute
Attivo	Aktiv
Enorme	I Madh
Esotico	Ekzotike
Generoso	Bujar
Giovane	I Ri
Grande	E Madhe
Identico	Identike
Importante	E Rëndësishme
Lento	Ngathët
Lungo	Gjatë
Moderno	Moderne
Onesto	Ndershëm
Perfetto	Perfekt
Pesante	E Rëndë
Prezioso	Me Vlerë
Sottile	I Hollë

Aggettivi #2
Mbiemrat #2

Affamato	Uri
Asciutto	Thatë
Autentico	Autentike
Creativo	Krijues
Descrittivo	Përshkrues
Dolce	E Ëmbël
Drammatico	Dramatike
Elegante	Elegante
Famoso	I Famshëm
Forte	I Fortë
Interessante	Interesante
Naturale	Natyrore
Normale	Normale
Nuovo	I Ri
Orgoglioso	Krenar
Produttivo	Produktive
Puro	I Pastër
Responsabile	Përgjegjës
Salato	E Kripur
Sano	I Shëndetshëm

Agronomia
Agronomia

Acqua	Uji
Agricoltura	Bujqësia
Ambiente	Mjedis
Cibo	Ushqim
Crescita	Rritja
Ecologia	Ekologjia
Energia	Energji
Erosione	Erozioni
Fertilizzante	Pleh
Identificazione	Identifikimi
Inquinamento	Ndotja
Malattie	Sëmundjet
Organico	Organike
Produzione	Prodhimi
Ricerca	Kërkime
Rurale	Rurale
Scienza	Shkenca
Semi	Fara
Sistemi	Sistemet
Suolo	Tokës

Algebra
Algjebra

Diagramma	Diagramë
Divisione	Divizioni
Equazione	Ekuacioni
Esponente	Eksponent
Falso	I Rremë
Fattore	Faktori
Formula	Formulë
Frazione	Thyesë
Grafico	Grafik
Infinito	Pafund
Lineare	Lineare
Matrice	Matricë
Numero	Numër
Parentesi	Kllapa
Problema	Problem
Semplificare	Thjeshtoj
Soluzione	Zgjidhje
Sottrazione	Zbritja
Variabile	Variabël
Zero	Zero

Antartide
Antarktidë

Acqua	Uji
Ambiente	Mjedis
Baia	Gji
Balene	Balenat
Conservazione	Ruajtje
Continente	Kontinent
Geografia	Gjeografi
Ghiacciai	Akullnajat
Ghiaccio	Akull
Isole	Ishujt
Migrazione	Migrimi
Minerali	Mineralet
Nuvole	Retë
Penisola	Gadishull
Ricercatore	Studiues
Roccioso	Roki
Scientifico	Shkencore
Spedizione	Ekspeditë
Temperatura	Temperatura
Topografia	Topografia

Antiquariato
Antike

Arte	Art
Asta	Ankand
Autentico	Autentike
Condizione	Gjendja
Decenni	Dekada
Decorativo	Dekorative
Elegante	Elegante
Galleria	Galeri
Insolito	E Pazakontë
Investimento	Investim
Mobilio	Mobilje
Monete	Monedha
Prezzo	Çmimi
Qualità	Cilësia
Restauro	Restaurimi
Scultura	Skulpturë
Secolo	Shekulli
Stile	Stili
Valore	Vlera
Vecchio	I Vjetër

Api
Bletët

Ali	Krahë
Alveare	Koshere
Benefico	I Dobishëm
Cera	Dylli
Cibo	Ushqim
Diversità	Diversiteti
Ecosistema	Ekosistemi
Fiori	Lule
Fiorire	Çel
Frutta	Fruta
Fumo	Tym
Giardino	Kopsht
Habitat	Habitat
Insetto	Insekt
Miele	Mjaltë
Piante	Bimët
Polline	Polen
Regina	Mbretëresha
Sciame	Muzi
Sole	Diell

Archeologia
Arkeologjia

Analisi	Analiza
Antichità	Lashtësia
Ceramica	Qeramikë
Civiltà	Qytetërimi
Dimenticato	Harruar
Discendente	Pasardhës
Era	Epokë
Esperto	Ekspert
Fossile	Fosile
Mistero	Mister
Oggetti	Objekte
Ossa	Kockat
Professore	Profesor
Reliquia	Relike
Ricercatore	Studiues
Sconosciuto	Panjohur
Squadra	Ekipi
Tempio	Tempull
Tomba	Varri
Valutazione	Vlerësimi

Arte
Art

Ceramica	Qeramike
Complesso	Kompleks
Composizione	Përbërja
Creare	Krijoni
Dipinti	Piktura
Espressione	Shprehje
Figura	Figura
Ispirato	Frymëzuar
Onesto	Ndershëm
Originale	Origjinal
Personale	Personale
Poesia	Poezi
Ritrarre	Portretizojnë
Scultura	Skulpturë
Semplice	E Thjeshtë
Simbolo	Simbol
Soggetto	Subjekt
Surrealismo	Surealizmi
Umore	Humor
Visivo	Vizuale

Arti Visive
Artet Pamore

Architettura	Arkitekturë
Argilla	Balta
Artista	Artist
Capolavoro	Kryevepër
Carbone	Qymyr Druri
Cavalletto	Këmbalec
Cera	Dylli
Ceramica	Qeramikë
Composizione	Përbërja
Creatività	Krijimtari
Film	Film
Fotografia	Fotografi
Gesso	Shkumës
Matita	Laps
Penna	Stilolaps
Prospettiva	Perspektivë
Ritratto	Portret
Scultura	Skulpturë
Stampino	Klishe
Vernice	Llak

Astronomia
Astronomi

Asteroide	Asteroidi
Astronauta	Astronaut
Astronomo	Astronom
Cielo	Qiell
Cosmo	Kozmosi
Costellazione	Plojësi
Equinozio	Ekuinoksi
Galassia	Galaktikë
Gravità	Graviteti
Luna	Hëna
Meteora	Meteor
Nebulosa	Mjegullnaja
Osservatorio	Observatori
Pianeta	Planet
Radiazione	Rrezatimi
Razzo	Raketë
Supernova	Supernova
Telescopio	Teleskop
Terra	Toka
Universo	Gjithësi

Attività
Aktivitetet

Abilità	Aftësi
Arte	Art
Artigianato	Zanatet
Attività	Aktiviteti
Caccia	Gjuetia
Campeggio	Kamping
Ceramica	Qeramika
Cucire	Qepje
Danza	Vallëzimi
Escursioni	Hiking
Fotografia	Fotografi
Giardinaggio	Kopshtari
Giochi	Lojëra
Lettura	Leximi
Magia	Magji
Pesca	Peshkimi
Piacere	Kenaqësi
Puzzle	Enigma
Rilassamento	Çlodhje
Tempo Libero	Koha e Lirë

Attività Commerciale
Biznesit

Bilancio	Buxhet
Carriera	Karrierë
Costo	Kosto
Datore di Lavoro	Punëdhënësi
Dipendente	Punonjës
Economia	Ekonomi
Fabbrica	Fabrikë
Finanza	Financa
Investimento	Investim
Merce	Mallin
Negozio	Dyqan
Profitto	Fitimi
Reddito	Të Ardhura
Sconto	Zbritje
Società	Kompani
Soldi	Paratë
Transazione	Trancakeion
Ufficio	Zyrë
Valuta	Valuta
Vendita	Shitje

Attività e Tempo Libero
Aktivitetet dhe Koha e L

Arte	Art
Baseball	Bejsbolli
Basket	Basketboll
Boxe	Boks
Calcio	Futboll
Campeggio	Kamping
Escursioni	Hiking
Giardinaggio	Kopshtari
Golf	Golf
Hobby	Hobi
Immersione	Zhytje
Nuoto	Not
Pallavolo	Volejboll
Pesca	Peshkimi
Pittura	Piktura
Rilassante	Zbutës
Shopping	Pazar
Surf	Sërf
Tennis	Tenis
Viaggio	Udhëtimi

Avventura
Aventurë

Amici	Miq
Attività	Aktiviteti
Bellezza	Bukuri
Coraggio	Trimëri
Destinazione	Destinacioni
Difficoltà	Vështirësi
Entusiasmo	Entuziazmi
Escursione	Ekskursion
Gioia	Gëzim
Insolito	E Pazakontë
Itinerario	Itinerari
Natura	Natyra
Navigazione	Navigacion
Nuovo	I Ri
Opportunità	Mundësi
Pericoloso	E Rrezikshme
Preparazione	Përgatitja
Sfide	Sfidat
Sicurezza	Siguria
Viaggi	Udhëtimet

Balletto
Baletit

Abilità	Aftësi
Applauso	Duartrokitje
Artistico	Artistike
Ballerina	Balerina
Ballerini	Kërcimtarë
Compositore	Kompozitor
Coreografia	Koreografi
Espressivo	Shprehëse
Gesto	Gjest
Grazioso	Këndshëm
Intensità	Intensiteti
Muscoli	Muskujt
Musica	Muzika
Orchestra	Orkestër
Pratica	Praktikë
Prova	Prova
Pubblico	Audiencë
Ritmo	Ritëm
Stile	Stili
Tecnica	Teknikë

Barbecue
Barbekju

Caldo	Nxehtë
Cena	Darka
Cibo	Ushqim
Cipolle	Qepë
Coltelli	Thika
Estate	Verë
Fame	Uria
Famiglia	Familje
Frutta	Fruta
Giochi	Lojëra
Griglia	Vuaj
Insalate	Sallata
Invito	Ftesë
Musica	Muzika
Pepe	Piper
Pollo	Pulë
Pomodori	Domate
Pranzo	Drekë
Sale	Kripë
Salsa	Salcë

Biologia
Biologjia

Anatomia	Anatomia
Batteri	Bakteret
Cellula	Qeli
Collagene	Kolazhn
Cromosoma	Kromozom
Embrione	Embrioni
Enzima	Enzimë
Evoluzione	Evolucioni
Fotosintesi	Fotosinteza
Mammifero	Gjitar
Mutazione	Mutacion
Naturale	Natyrore
Nervo	Nervor
Neurone	Neuron
Ormone	Hormon
Osmosi	Osmozë
Proteina	Proteina
Rettile	Zvarranik
Simbiosi	Simbiozë
Sinapsi	Sinapsi

Campeggio
Kampingu

Alberi	Pemët
Amaca	Hamak
Animali	Kafshët
Avventura	Aventurë
Bussola	Busull
Cabina	Kabina
Caccia	Gjuetia
Canoa	Kanoe
Cappello	Kapelë
Corda	Litar
Divertimento	Argëtim
Foresta	Pyll
Fuoco	Zjarr
Insetto	Insekt
Lago	Liqeni
Luna	Hëna
Mappa	Hartë
Montagna	Mal
Natura	Natyra
Tenda	Çadër

Casa
Shtëpia

Attico	Papafingo
Biblioteca	Librari
Camera	Dhomë
Camino	Oxhak
Cucina	Kuzhina
Doccia	Dush
Finestra	Dritare
Garage	Garazh
Giardino	Kopsht
Lampada	Llambë
Parete	Mur
Pavimento	Kati
Porta	Dera
Recinto	Gardh
Rubinetto	Rubinet
Scopa	Fshesë
Soffitto	Tavan
Specchio	Pasqyrë
Tappeto	Qilim
Tetto	Çati

Chimica
Kimia

Acido	Acid
Alcalino	Alkaline
Atomico	Atomike
Calore	Nxehtësia
Carbonio	Karbon
Catalizzatore	Katalizator
Cloro	Klori
Elettrone	Elektron
Enzima	Enzimë
Gas	Gaz
Idrogeno	Hidrogjen
Ione	Jon
Liquido	Lëng
Molecola	Molekula
Nucleare	Bërthamore
Organico	Organike
Ossigeno	Oksigjen
Peso	Pesha
Sale	Kripë
Temperatura	Temperatura

Cibo #1
Ushqimi Numër 1

Aglio	Hudhër
Basilico	Borzilok
Cannella	Kanellë
Carne	Mish
Carota	Karrota
Cipolla	Qepë
Fragola	Luleshtrydhe
Insalata	Sallatë
Latte	Qumësht
Limone	Limon
Menta	Nenexhik
Orzo	Elb
Pera	Dardhë
Rapa	Rrepë
Sale	Kripë
Spinaci	Spinaq
Succo	Lëng
Tonno	Tuna
Torta	Tortë
Zucchero	Sheqer

Cibo #2
Ushqimi Numër 2

Italiano	Shqip
Banana	Banane
Broccolo	Brokoli
Ciliegia	Qershi
Cioccolato	Çokollatë
Formaggio	Djathë
Fungo	Kërpudha
Grano	Gruri
Kiwi	Kivi
Mela	Mollë
Melanzana	Patëllxhan
Pane	Bukë
Pesce	Peshk
Pollo	Pulë
Pomodoro	Domate
Prosciutto	Proshutë
Riso	Oriz
Sedano	Selino
Uovo	Vezë
Uva	Rrushit
Yogurt	Kos

Cioccolato
Çokollatë

Italiano	Shqip
Amaro	E Hidhur
Antiossidante	Antioksidues
Arachidi	Kikirikët
Brama	Mall
Cacao	Kakao
Calorie	Kaloritë
Caramella	Karamele
Caramello	Karamel
Delizioso	E Shijshme
Dolce	E Ëmbël
Esotico	Ekzotike
Gusto	Shije
Gusto	Aromë
Ingrediente	Përbërës
Noce di Cocco	Kokosi
Polvere	Pluhur
Preferito	E Preferuara
Qualità	Cilësia
Ricetta	Receta
Zucchero	Sheqer

Città
Qyteti

Italiano	Shqip
Aeroporto	Aeroport
Banca	Bankë
Biblioteca	Librari
Cinema	Kinema
Clinica	Klinika
Farmacia	Farmaci
Fiorista	Luleshitës
Galleria	Galeri
Hotel	Hotel
Mercato	Tregu
Museo	Muze
Negozio	Dyqan
Panetteria	Furke
Ristorante	Restorant
Salone	Sallon
Scuola	Shkolla
Stadio	Stadiumi
Supermercato	Supermarket
Teatro	Teatri
Università	Universiteti

Corpo Umano
Trupi i Njeriut

Italiano	Shqip
Bocca	Goja
Caviglia	Kyçri
Cervello	Truri
Collo	Qafë
Cuore	Zemra
Dito	Gishti
Faccia	Fytyra
Gamba	Këmbë
Ginocchio	Gju
Gomito	Bërryl
Mano	Dorë
Mento	Mjekër
Naso	Hundë
Occhio	Sy
Orecchio	Vesh
Pelle	Lëkurës
Sangue	Gjak
Spalla	Sup
Stomaco	Bark
Testa	Kokë

Creatività
Kreativiteti

Italiano	Shqip
Abilità	Aftësi
Artistico	Artistike
Autenticità	Autenticiteti
Chiarezza	Qartësi
Drammatico	Dramatike
Emozioni	Emocionet
Espressione	Shprehje
Idee	Ide
Immaginazione	Imagjinatë
Immagine	Imazhi
Impressione	Përshtypje
Intensità	Intensiteti
Intuizione	Intuitë
Inventivo	Krijues
Ispirazione	Frymëzim
Sensazione	Ndjesi
Sentimenti	Ndjenjat
Spontaneo	Spontane
Visioni	Vizionet
Vitalità	Vitaliteti

Diplomazia
Diplomacia

Italiano	Shqip
Ambasciata	Ambasada
Ambasciatore	Ambasador
Cittadini	Qytetarët
Civico	Qytetare
Comunità	Komuniteti
Conflitto	Konflikt
Consigliere	Këshilltar
Cooperazione	Bashkëpunimi
Diplomatico	Diplomatike
Discussione	Diskutim
Etica	Etika
Giustizia	Drejtësi
Governo	Qeverisë
Integrità	Integriteti
Politica	Politika
Risoluzione	Rezolutë
Sicurezza	Siguria
Soluzione	Zgjidhje
Trattato	Traktati
Umanitario	Humanitar

Discipline Scientifiche
Disiplinat Shkencore

Anatomia	Anatomia
Archeologia	Arkeologjia
Astronomia	Astronomi
Biochimica	Biokimi
Biologia	Biologji
Botanica	Botanikë
Chimica	Kimia
Ecologia	Ekologjia
Fisiologia	Fiziologji
Geologia	Gjeologjia
Immunologia	Imunologji
Linguistica	Gjuhësi
Meccanica	Mekanika
Meteorologia	Meteorologji
Mineralogia	Mineralogjia
Neurologia	Neurologji
Psicologia	Psikologji
Sociologia	Sociologji
Termodinamica	Termodinamika
Zoologia	Zoologji

Edifici
Ndërtesat

Ambasciata	Ambasada
Appartamento	Apartament
Cabina	Kabina
Castello	Kështjella
Cinema	Kinema
Fabbrica	Fabrikë
Fattoria	Fermë
Fienile	Hambar
Hotel	Hotel
Laboratorio	Laborator
Museo	Muze
Ospedale	Spital
Osservatorio	Observatori
Scuola	Shkolla
Stadio	Stadiumi
Supermercato	Supermarket
Teatro	Teatri
Tenda	Çadër
Torre	Kullë
Università	Universiteti

Energia
Energjisë

Ambiente	Mjedis
Batteria	Bateri
Benzina	Benzinë
Calore	Nxehtësia
Carbonio	Karbon
Carburante	Karburant
Diesel	Naftë
Elettrico	Elektrike
Elettrone	Elektron
Entropia	Entropia
Fotone	Foton
Idrogeno	Hidrogjen
Industria	Industria
Inquinamento	Ndotja
Motore	Motor
Nucleare	Bërthamore
Rinnovabile	Rinovueshme
Turbina	Turbinë
Vapore	Avull
Vento	Era

Erboristeria
Herbalizëm

Aglio	Hudhër
Aromatico	Aromatike
Coriandolo	Koriandër
Culinario	Kulinari
Dragoncello	Dragua
Finocchio	Kopër
Fiore	Lule
Giardino	Kopsht
Ingrediente	Përbërës
Lavanda	Livando
Maggiorana	Borzilok
Menta	Nenexhik
Origano	Rigon
Pianta	Bimë
Prezzemolo	Majdanoz
Qualità	Cilësia
Rosmarino	Rozmarinë
Timo	Trumzë
Verde	E Gjelbër
Zafferano	Shafran

Escursionismo
Ecje

Acqua	Uji
Animali	Kafshët
Campeggio	Kamping
Clima	Klima
Guide	Udhëzues
Mappa	Hartë
Montagna	Mal
Natura	Natyra
Orientamento	Orientim
Parchi	Parqet
Pericoli	Rreziqet
Pesante	E Rëndë
Pietre	Gurë
Preparazione	Përgatitja
Scogliera	Shkëmb
Selvaggio	I Egër
Sole	Diell
Stanco	Të Lodhur
Stivali	Çizme
Vertice	Samiti

Etica
Etika

Altruismo	Altruizmi
Benevolo	Dashamirës
Compassione	Dhembshuri
Cooperazione	Bashkëpunimi
Dignità	Dinjitet
Diplomatico	Diplomatike
Filosofia	Filozofi
Gentilezza	Mirësi
Integrità	Integriteti
Onestà	Ndershmëria
Ottimismo	Optimizëm
Pazienza	Durim
Ragionevole	E Arsyeshme
Razionalità	Racionaliteti
Realismo	Realizmi
Rispettoso	Respektueshëm
Saggezza	Urtësi
Tolleranza	Tolerancë
Umanità	Njerëzimi
Valori	Vlerat

Famiglia
Familja

Antenato	Paraardhës
Bambino	Fëmijë
Cugino	Kushëri
Figlia	Vajzë
Fratello	Vëlla
Infanzia	Fëmijëria
Madre	Nëna
Marito	Burri
Materno	Nënës
Moglie	Gruaja
Nipote	Nipi
Nipote	Mbesë
Nipote	Nipi
Nonna	Gjyshja
Nonno	Gjyshi
Padre	Baba
Paterno	Atërore
Sorella	Motër
Zia	Hallë
Zio	Xhaxhai

Fantascienza
Fiction Shkencor

Atomico	Atomike
Cinema	Kinema
Distopia	Distopia
Esplosione	Shpërthim
Estremo	Ekstrem
Fantastico	Fantastik
Fuoco	Zjarr
Futuristico	Futurist
Galassia	Galaktikë
Illusione	Iluzion
Immaginario	Imagjinare
Libri	Libra
Misterioso	Misterioze
Mondo	Botë
Oracolo	Orakulli
Pianeta	Planet
Realistico	Realiste
Robot	Robotët
Tecnologia	Teknologji
Utopia	Utopi

Fattoria #1
Ferma Numër 1

Acqua	Uji
Agricoltura	Bujqësia
Ape	Bletë
Asino	Gomar
Campo	Fusha
Cane	Qen
Capra	Dhi
Cavallo	Kalë
Fertilizzante	Pleh
Fieno	Sanë
Gatto	Mace
Gregge	Kope
Maiale	Derr
Miele	Mjaltë
Mucca	Lopë
Pollo	Pulë
Recinto	Gardh
Riso	Oriz
Semi	Fara
Vitello	Viç

Fattoria #2
Ferma Numër 2

Agnello	Qengj
Agricoltore	Fermer
Anatra	Rosa
Animali	Kafshët
Cibo	Ushqim
Fienile	Hambar
Frutta	Fruta
Frutteto	Pemishte
Grano	Gruri
Irrigazione	Ujitje
Lama	Llama
Latte	Qumësht
Mais	Misri
Maturo	Pjekur
Oche	Patat
Orzo	Elb
Pastore	Bariu
Pecora	Dele
Prato	Livadh
Trattore	Traktor

Filantropia
Filantropisë

Bambini	Fëmijë
Bisogno	Nevoja
Carità	Bamirësi
Comunità	Komuniteti
Contatti	Kontaktet
Finanza	Financa
Fondi	Fondet
Generosità	Bujari
Gioventù	Rinia
Globale	Globale
Gruppi	Grupet
Missione	Misioni
Obiettivi	Gola
Onestà	Ndershmëria
Persone	Njerëzit
Programmi	Programet
Pubblico	Publik
Sfide	Sfidat
Storia	Histori
Umanità	Njerëzimi

Fiori
Lule

Gardenia	Gardenia
Gelsomino	Jasemini
Giglio	Zambak
Girasole	Luledielli
Ibisco	Hibiscus
Lavanda	Livando
Lilla	Jargavan
Magnolia	Magnolia
Margherita	Daisy
Mazzo	Buqetë
Narciso	Daffodil
Orchidea	Orkide
Papavero	Lulëkuqe
Passiflora	Lule Pasioni
Peonia	Bozhure
Petalo	Petal
Plumeria	Plumeria
Rosa	Trëndafil
Trifoglio	Tërfili
Tulipano	Tulep

Fisica
Fizikë

Italiano	Shqip
Accelerazione	Përshpejtimi
Atomo	Atom
Caos	Kaos
Chimico	Kimike
Densità	Dendësia
Elettrone	Elektron
Espansione	Zgjerimi
Formula	Formulë
Frequenza	Frekuenca
Gas	Gaz
Gravità	Graviteti
Magnetismo	Magnetizmi
Meccanica	Mekanika
Molecola	Molekula
Motore	Motor
Nucleare	Bërthamore
Particella	Grimcë
Relatività	Relativiteti
Universale	Universale
Velocità	Shpejtësia

Foresta Pluviale
Pyjet e Shiut

Italiano	Shqip
Anfibi	Amfibët
Botanico	Botanik
Clima	Klima
Comunità	Komuniteti
Diversità	Diversiteti
Giungla	Xhungël
Indigeno	Audigjen
Insetti	Insektet
Mammiferi	Gjitarët
Muschio	Myshk
Natura	Natyra
Nuvole	Retë
Preservazione	Ruajtja
Prezioso	Me Vlerë
Restauro	Restaurimi
Rifugio	Strehë
Rispetto	Respekt
Sopravvivenza	Mbijetesa
Specie	Llojet
Uccelli	Zogjtë

Forme
Format

Italiano	Shqip
Angolo	Qoshe
Arco	Hark
Bordi	Skajet
Cerchio	Rreth
Cilindro	Cilindri
Cono	Kon
Cubo	Kube
Curva	Kurve
Ellisse	Elips
Iperbole	Hiperbola
Lato	Anë
Linea	Linjë
Ovale	Ovale
Piramide	Piramida
Poligono	Poligoni
Prisma	Prizëm
Quadrato	Sheshi
Rettangolo	Drejtkëndësh
Sfera	Sferë
Triangolo	Trekëndësh

Forniture Artistiche
Furnizimet e Artit

Italiano	Shqip
Acqua	Uji
Acquerelli	Bojëra Uji
Acrilico	Akrilik
Argilla	Argjilë
Carbone	Qymyr Druri
Carta	Letër
Cavalletto	Këmbalec
Colla	Ngjitës
Colori	Ngjyrat
Creatività	Fantazia
Gomma	Gomë
Idee	Ide
Inchiostro	Bojë
Matite	Lapsa
Olio	Vaj
Pastelli	Pastele
Sedia	Karrige
Spazzole	Furca
Tavolo	Tabela
Telecamera	Kamera

Forza e Gravità
Forca dhe Graviteti

Italiano	Shqip
Asse	Aksi
Attrito	Fërkimi
Centro	Qendra
Dinamico	Dinamike
Distanza	Distancë
Espansione	Zgjerimi
Fisica	Fizika
Impatto	Ndikimi
Magnetismo	Magnetizmi
Meccanica	Mekanika
Movimento	Lëvizje
Orbita	Orbita
Peso	Pesha
Pianeti	Planetet
Pressione	Presioni
Proprietà	Vetitë
Scoperta	Zbulimi
Tempo	Koha
Universale	Universale
Velocità	Shpejtësi

Frutta
Fruta

Italiano	Shqip
Albicocca	Kajsi
Ananas	Ananas
Arancia	Portokalli
Avocado	Avokado
Banana	Banane
Ciliegia	Qershi
Fico	Fig
Kiwi	Kivi
Lampone	Mjedër
Limone	Limon
Mango	Mango
Mela	Mollë
Melone	Pjepër
Mora	Ferrë
Nettarina	Nektarinë
Papaia	Papaja
Pera	Dardhë
Pesca	Pjeshkë
Prugna	Kumbull
Uva	Rrushit

Geografia
Gjeografia

Altitudine	Lartësi
Atlante	Atlas
Città	Qytet
Continente	Kontinent
Emisfero	Hemisfera
Fiume	Lumi
Isola	Ishull
Latitudine	Gjerësi
Longitudine	Gjatësia
Mappa	Hartë
Mare	Det
Meridiano	Meridian
Mondo	Botë
Montagna	Mal
Nord	Veri
Ovest	Perëndim
Paese	Vendi
Regione	Rajon
Sud	Jug
Territorio	Territori

Geologia
Gjeologjia

Acido	Acid
Altopiano	Pllajë
Calcio	Kalcium
Caverna	Shpellë
Continente	Kontinent
Corallo	Koral
Cristalli	Kristale
Erosione	Erozioni
Fossile	Fosile
Geyser	Gejzer
Lava	Lava
Minerali	Mineralet
Pietra	Gur
Quarzo	Kuarc
Sale	Kripë
Stalagmiti	Stalagmitet
Stalattite	Stalaktit
Strato	Shtresë
Terremoto	Tërmet
Vulcano	Vullkan

Geometria
Gjeometria

Altezza	Lartësia
Angolo	Kënd
Calcolo	Llogaritja
Cerchio	Rreth
Curva	Kurve
Diametro	Diametri
Dimensione	Dimensioni
Equazione	Ekuacioni
Logica	Logjikë
Mediano	Mesatare
Numero	Numër
Orizzontale	Horizontale
Parallelo	Paralel
Proporzione	Pjesë
Segmento	Segment
Simmetria	Simetri
Superficie	Sipërfaqe
Teoria	Teori
Triangolo	Trekëndësh
Verticale	Vertikale

Giardinaggio
Kopshtarisë

Acqua	Uji
Botanico	Botanik
Clima	Klima
Commestibile	Ngrënshëm
Compost	Plehrash
Contenitore	Enë
Esotico	Ekzotike
Fiorire	Çel
Floreale	Lules
Foglia	Fletë
Fogliame	Gjeth
Frutteto	Pemishte
Mazzo	Buqetë
Semi	Fara
Specie	Llojet
Sporco	Pisllëku
Stagionale	Sezonale
Suolo	Tokës
Tubo	Çorape
Umidità	Lagështi

Giardino
Kopshti

Albero	Pemë
Amaca	Hamak
Cespuglio	Bush
Erba	Bari
Fiore	Lule
Frutteto	Pemishte
Garage	Garazh
Giardino	Kopsht
Pala	Lopatë
Panca	Stol
Portico	Verandë
Prato	Lëndinë
Rastrello	Grabujë
Recinto	Gardh
Stagno	Pellg
Suolo	Tokës
Terrazza	Tarracë
Trampolino	Trampolinë
Tubo	Çorape
Vite	Hardhisë

Giorni e Mesi
Ditët dhe Muajt

Agosto	Gusht
Anno	Viti
Aprile	Prill
Calendario	Kalendar
Dicembre	Dhjetor
Domenica	E Diel
Febbraio	Shkurt
Gennaio	Janar
Giugno	Qershor
Luglio	Korrik
Lunedì	E Hënë
Martedì	E Martë
Mercoledì	E Mërkurë
Mese	Muaj
Novembre	Nëntor
Ottobre	Tetor
Sabato	E Shtunë
Settembre	Shtator
Settimana	Java
Venerdì	E Premte

Governo
Qeverisë

Capo	Udhëheqës
Cittadinanza	Qytetari
Civile	Civile
Costituzione	Kushtetuta
Democrazia	Demokraci
Discorso	Të Folurit
Discussione	Diskutim
Giudiziario	Gjyqësor
Giustizia	Drejtësi
Indipendenza	Pavarësia
Legale	Ligjore
Legge	Ligji
Libertà	Liri
Monumento	Monument
Nazionale	Kombëtare
Nazione	Kombi
Politica	Politika
Simbolo	Simbol
Stato	Shteti
Uguaglianza	Barazi

Guida
Ngasja

Attenzione	Kujdes
Auto	Makina
Autobus	Autobus
Carburante	Karburant
Freni	Frenat
Garage	Garazh
Gas	Gaz
Incidente	Aksident
Licenza	Liçensë
Mappa	Hartë
Moto	Motor
Pedonale	Këmbësor
Pericolo	Rrezik
Polizia	Policia
Sicurezza	Siguria
Strada	Rrugë
Traffico	Trafiku
Trasporto	Transporti
Tunnel	Tunel
Velocità	Shpejtësi

I Media
Mediat

Commerciale	Tregti
Comunicazione	Komunikimi
Digitale	Dixhital
Edizione	Botim
Educazione	Arsimi
Fatti	Fakte
Finanziamento	Financimi
Foto	Fotografitë
Giornali	Gazetat
Individuale	Individual
Industria	Industria
Intellettuale	Intelektuale
Locale	Lokal
Online	Online
Opinione	Opinion
Pubblicità	Reklama
Pubblico	Publik
Radio	Radio
Rete	Rrjeti
Televisione	Televizion

Imbarcazioni
Varkat

Albero	Direk
Ancora	Spirancë
Barca a Vela	Varkë me Vela
Boa	Vozë mbi Ujë
Canoa	Kanoe
Corda	Litar
Equipaggio	Ekuipazhi
Fiume	Lumi
Kayak	Kajak
Lago	Liqeni
Mare	Det
Marea	Baticë
Marinaio	Marinar
Motore	Motor
Nautico	Detare
Oceano	Oqean
Onde	Valët
Traghetto	Traget
Yacht	Jaht
Zattera	Raft

Ingegneria
Inxhinieri

Angolo	Kënd
Asse	Aksi
Calcolo	Llogaritja
Costruzione	Ndërtimi
Diagramma	Diagramë
Diametro	Diametri
Diesel	Naftë
Distribuzione	Shpërndarje
Energia	Energji
Forza	Forcë
Ingranaggi	Ingranazhet
Liquido	Lëng
Macchina	Makinë
Misurazione	Matja
Motore	Motor
Profondità	Thellësi
Propulsione	Shtesje
Rotazione	Rrotullimi
Stabilità	Stabiliteti
Struttura	Struktura

Insetti
Insektet

Afide	Aphid
Ape	Bletë
Calabrone	Brëzi
Cavalletta	Karkalec
Cicala	Cicada
Coccinella	Ladybug
Coleottero	Brumbulli
Falena	Molë
Farfalla	Flutur
Formica	Milingonë
Larva	Larva
Libellula	Pilivesë
Locusta	Karkaleci
Mantide	Mantis
Pulce	Plesht
Scarafaggio	Kacabu
Termite	Termit
Verme	Krimbi
Vespa	Grenzë
Zanzara	Mushkonjë

Jazz
Xhaz

Italiano	Shqip
Album	Album
Applauso	Duartrokitje
Artista	Artist
Batteria	Bateri
Canzone	Këngë
Compositore	Kompozitor
Composizione	Përbërja
Concerto	Koncert
Enfasi	Theksi
Famoso	I Famshëm
Genere	Zhanër
Improvvisazione	Improvizim
Musica	Muzika
Nuovo	I Ri
Orchestra	Orkestër
Ritmo	Ritëm
Stile	Stili
Talento	Talent
Tecnica	Teknikë
Vecchio	I Vjetër

L'Azienda
Kompania

Italiano	Shqip
Creativo	Krijues
Decisione	Vendim
Globale	Globale
Industria	Industria
Innovativo	Inovative
Investimento	Investim
Occupazione	Punësimi
Possibilità	Mundësi
Presentazione	Prezantim
Prodotto	Produkt
Professionale	Profesional
Progresso	Progres
Qualità	Cilësia
Reddito	Të Ardhurat
Reputazione	Reputacioni
Rischi	Rreziqet
Risorse	Burimet
Salari	Pagat
Tendenze	Trendet
Unità	Njësitë

Letteratura
Letërsia

Italiano	Shqip
Analisi	Analiza
Analogia	Analogjia
Aneddoto	Anekdotë
Autore	Autor
Biografia	Biografia
Conclusione	Përfundim
Confronto	Krahasim
Descrizione	Përshkrim
Dialogo	Dialogu
Genere	Zhanër
Metafora	Metafora
Opinione	Opinion
Poesia	Poemë
Poetico	Poetike
Rima	Rimë
Ritmo	Ritëm
Romanzo	Roman
Stile	Stili
Tema	Tema
Tragedia	Tragjedi

Libri
Librat

Italiano	Shqip
Autore	Autor
Avventura	Aventurë
Collezione	Mbledhja
Contesto	Kontekst
Dualità	Dualitet
Epico	Epikë
Inventivo	Krijues
Letterario	Letrare
Lettore	Lexues
Narratore	Narrator
Pagina	Faqe
Poesia	Poezi
Rilevante	Relevante
Romanzo	Roman
Scritto	Shkruar
Serie	Seri
Storia	Histori
Storico	Historike
Tragico	Tragjike
Umoristico	Humor

Malattia
Sëmundje

Italiano	Shqip
Acuto	Akute
Addominale	Barku
Allergie	Alergji
Benessere	Mirëqenie
Contagioso	Ngjitëse
Corpo	Trupi
Cronico	Kronike
Cuore	Zemra
Debole	I Dobët
Ereditario	Trashëgimore
Genetico	Gjenetik
Immunità	Imuniteti
Infiammazione	Pezmatim
Lombare	Mesit
Neuropatia	Neuropatia
Polmonare	Pulmonar
Respiratorio	Respiratore
Salute	Shëndeti
Sindrome	Sindromi
Terapia	Terapia

Mammiferi
Gjitarët

Italiano	Shqip
Balena	Balena
Cane	Qen
Canguro	Kangur
Cavallo	Kalë
Cervo	Dre
Coniglio	Lepuri
Coyote	Kojotë
Delfino	Delfin
Elefante	Elefanti
Gatto	Mace
Giraffa	Gjirafë
Gorilla	Gorilla
Leone	Luani
Lupo	Ujku
Orso	Ariu
Pecora	Dele
Scimmia	Majmun
Toro	Dem
Volpe	Foks
Zebra	Zebër

Matematica
Matematikë

Angoli	Këndet
Aritmetica	Aritmetikë
Circonferenza	Rrethenca
Decimale	Dhjetore
Diametro	Diametri
Divisione	Divizioni
Equazione	Ekuacioni
Esponente	Eksponent
Frazione	Thyesë
Geometria	Gjeometria
Parallelo	Paralel
Parallelogramma	Paralelogram
Perimetro	Perimetër
Poligono	Poligoni
Quadrato	Sheshi
Rettangolo	Drejtkëndësh
Simmetria	Simetri
Somma	Shumë
Triangolo	Trekëndësh
Volume	Vëllimi

Meditazione
Meditimi

Accettazione	Pranimi
Attenzione	Kujdes
Calma	Qetësi
Chiarezza	Qartësi
Compassione	Dhembshuri
Emozioni	Emocionet
Gentilezza	Mirësi
Gratitudine	Mirënjohje
Mentale	Mendore
Mente	Mendje
Movimento	Lëvizja
Musica	Muzika
Natura	Natyra
Osservazione	Vrojtim
Pace	Paqe
Pensieri	Mendime
Postura	Postura
Prospettiva	Perspektivë
Respirazione	Frymëmarrja
Silenzio	Heshtje

Meteo
Moti

Arcobaleno	Ylber
Asciutto	Thatë
Atmosfera	Atmosferë
Brezza	Fllad
Cielo	Qiell
Clima	Klima
Fulmine	Rrufe
Ghiaccio	Akull
Monsone	Muson
Nebbia	Mjegull
Nube	Re
Polare	Polare
Siccità	Thatësia
Temperatura	Temperaturë
Tempesta	Stuhi
Tornado	Tornado
Tropicale	Tropikal
Tuono	Bubullim
Umido	Lagësht
Vento	Era

Misurazioni
Matjet

Altezza	Lartësia
Byte	Bajt
Centimetro	Centimetër
Chilogrammo	Kilogram
Chilometro	Kilometër
Decimale	Dhjetore
Grado	Gradë
Grammo	Gram
Larghezza	Gjerësia
Litro	Litër
Lunghezza	Gjatësia
Metro	Matës
Minuto	Minutë
Oncia	Ons
Peso	Pesha
Pinta	Pintë
Pollice	Inç
Profondità	Thellësi
Tonnellata	Ton
Volume	Vëllimi

Mitologia
Mitologji

Archetipo	Arketipi
Comportamento	Sjellje
Creatura	Krijesa
Creazione	Krijim
Cultura	Kultura
Disastro	Fatkeqësi
Divinità	Hyjnitë
Eroe	Hero
Forza	Forcë
Fulmine	Rrufe
Gelosia	Xhelozia
Guerriero	Luftëtari
Immortalità	Pavdekësia
Labirinto	Labirint
Leggenda	Legjenda
Magico	Magjike
Mortale	Vdekshëm
Mostro	Përbindësh
Tuono	Bubullima
Vendetta	Hakmarrje

Moda
Modës

Abbigliamento	Veshje
Boutique	Butik
Caro	Shkenjte
Confortevole	Rehat
Elegante	Elegante
Minimalista	Minimalist
Modello	Model
Moderno	Moderne
Modesto	Modest
Originale	Origjinal
Pizzo	Dantella
Pratico	Praktike
Pulsanti	Butonat
Ricamo	Qëndisje
Semplice	E Thjeshtë
Sofisticato	I Sofistikuar
Stile	Stili
Tendenza	Prirje
Tessuto	Pëlhurë
Trama	Cilësi

Musica
Muzikë

Album	Album
Armonia	Harmoni
Armonico	Harmonik
Ballata	Baladë
Cantante	Këngëtarja
Cantare	Këndoni
Classico	Klasike
Coro	Kori
Lirico	Lirike
Melodia	Melodi
Microfono	Mikrofon
Musicale	Muzikor
Musicista	Muzikant
Opera	Opera
Poetico	Poetike
Registrazione	Regjistrimi
Ritmico	Ritmike
Ritmo	Ritëm
Strumento	Instrument
Vocale	Vokal

Natura
Natyra

Animali	Kafshët
Api	Bletët
Artico	Arktik
Bellezza	Bukuri
Deserto	Shkretëtirë
Dinamico	Dinamike
Erosione	Erozioni
Fiume	Lumi
Fogliame	Gjeth
Foresta	Pyll
Ghiacciaio	Akullnajë
Montagne	Malet
Nebbia	Mjegull
Nuvole	Retë
Rifugio	Strehë
Santuario	Shenjtërorja
Selvaggio	I Egër
Sereno	Qetë
Tropicale	Tropikal
Vitale	Jetësore

Nutrizione
Të Ushqyerit

Amaro	E Hidhur
Appetito	Oreksi
Bilanciato	Balancuar
Calorie	Kaloritë
Carboidrati	Karbohidratet
Commestibile	Ngrënshëm
Dieta	Dietë
Digestione	Tretje
Fermentazione	Fermentimi
Gusto	Aromë
Liquidi	Lëngjet
Peso	Pesha
Proteine	Proteinat
Qualità	Cilësia
Salsa	Salcë
Salute	Shëndeti
Sano	I Shëndetshëm
Spezie	Erëza
Tossina	Toksinë
Vitamina	Vitamina

Oceano
Oqeani

Anguilla	Ngjala
Balena	Balena
Barca	Varkë
Corallo	Koral
Delfino	Delfin
Gamberetto	Karkaleca
Granchio	Gaforrja
Maree	Baticat
Medusa	Kandil Deti
Onde	Valët
Ostrica	Gocë Deti
Pesce	Peshk
Polpo	Oktapod
Sale	Kripë
Scogliera	Gumë
Spugna	Sfungjer
Squalo	Peshkaqen
Tartaruga	Breshkë
Tempesta	Stuhi
Tonno	Tuna

Paesaggi
Peizazhet

Cascata	Ujëvarë
Collina	Kodër
Deserto	Shkretëtirë
Fiume	Lumi
Geyser	Gejzer
Ghiacciaio	Akullnajë
Grotta	Shpellë
Iceberg	Ajsberg
Isola	Ishull
Lago	Liqeni
Mare	Det
Montagna	Mal
Oasi	Oazë
Oceano	Oqean
Palude	Moçal
Penisola	Gadishull
Spiaggia	Plazh
Tundra	Tundër
Valle	Luginë
Vulcano	Vullkan

Paesi #1
Vendet Numër 1

Brasile	Brazil
Cambogia	Kamboxhia
Canada	Kanada
Egitto	Egjipt
Finlandia	Finlanda
Germania	Gjermani
India	Indi
Iraq	Irak
Israele	Izraelit
Libia	Libi
Mali	Mali
Marocco	Marok
Norvegia	Norvegji
Panama	Panama
Polonia	Poloni
Romania	Rumani
Senegal	Senegal
Spagna	Spanjë
Venezuela	Venezuelë
Vietnam	Vietnam

Paesi #2
Vendet #2

Albania	Shqipëria
Danimarca	Danimarkë
Etiopia	Etiopi
Giamaica	Xhamajka
Giappone	Japoni
Grecia	Greqi
Haiti	Haiti
Indonesia	Indonezi
Irlanda	Irlanda
Laos	Laos
Liberia	Liberi
Messico	Meksikë
Nepal	Nepal
Nigeria	Nigeri
Pakistan	Pakistan
Russia	Rusi
Siria	Siri
Sudan	Sudan
Ucraina	Ukrainë
Uganda	Ugandë

Piante
Bimët

Albero	Pemë
Bambù	Bambu
Botanica	Botanikë
Cactus	Kaktus
Cespuglio	Bush
Crescere	Rritu
Edera	Ivy
Erba	Bari
Fagiolo	Fasule
Fertilizzante	Pleh
Fiore	Lule
Flora	Flora
Foglia	Fletë
Fogliame	Gjeth
Foresta	Pyll
Giardino	Kopsht
Muschio	Myshk
Petalo	Petal
Radice	Rrënjë
Vegetazione	Bimësia

Professioni #1
Profesionet Numër 1

Allenatore	Trajner
Ambasciatore	Ambasador
Artista	Artist
Astronomo	Astronom
Avvocato	Avokat
Ballerino	Balerin
Banchiere	Bankier
Cacciatore	Gjuetar
Cartografo	Hartograf
Editore	Redaktor
Farmacista	Farmacist
Geologo	Gjeolog
Gioielliere	Gjuhari
Idraulico	Hidraulik
Infermiera	Infermiere
Musicista	Muzikant
Pianista	Pianist
Psicologo	Psikolog
Scienziato	Shkencëtar
Veterinario	Veteriner

Professioni #2
Profesionet Numër 2

Astronauta	Astronaut
Bibliotecario	Bibliotekar
Biologo	Biolog
Chirurgo	Kirurg
Dentista	Dentisti
Filosofo	Filozof
Fotografo	Fotograf
Giardiniere	Kopshtar
Giornalista	Gazetar
Illustratore	Ilustrues
Ingegnere	Inxhinier
Insegnante	Mësues
Inventore	Shpikësi
Investigatore	Hetues
Linguista	Gjuhëtar
Medico	Mjek
Pilota	Pilot
Pittore	Piktor
Ricercatore	Studiues
Zoologo	Zoolog

Psicologia
Psikologjia

Appuntamento	Emërimi
Clinico	Klinike
Cognizione	Njohje
Comportamento	Sjellje
Conflitto	Konflikt
Ego	Ego
Emozioni	Emocionet
Esperienze	Përvojat
Idee	Ide
Inconscio	Pavetëdije
Infanzia	Fëmijëria
Pensieri	Mendime
Percezione	Perceptimi
Personalità	Personalitet
Problema	Problem
Realtà	Realitet
Sensazione	Ndjesi
Subconscio	Nënvetëdija
Terapia	Terapia
Valutazione	Vlerësimi

Riempire
Për të Mbushur

Bacino	Legen
Barile	Fuçi
Borsa	Çantë
Bottiglia	Shishe
Busta	Zarf
Cartella	Dosje
Cartone	Kartoni
Cassa	Arkë
Cassetto	Sirtar
Cesto	Shportë
Nave	Anije
Pacchetto	Pako
Scatola	Kuti
Secchio	Kovë
Tasca	Xhep
Tubo	Gyp
Valigia	Valixhe
Vasca	Vaskë
Vaso	Vazo
Vassoio	Tabaka

Riscaldamento Globale
Ngrohja Globale

Ambientale	Mjedisore
Artico	Arktik
Attenzione	Kujdes
Clima	Klima
Crisi	Kriza
Dati	Të Dhëna
Energia	Energji
Futuro	E Ardhmja
Gas	Gaz
Generazioni	Brezat
Governo	Qeverisë
Habitat	Habitatet
Industria	Industria
Internazionale	Ndërkombëtare
Legislazione	Legjislacioni
Ora	Tani
Popolazioni	Popullatat
Scienziato	Shkencëtar
Sviluppo	Zhvillimi
Temperature	Temperaturat

Ristorante #2
Restoranti Numër 2

Acqua	Uji
Aperitivo	Meze
Bevanda	Pije
Cameriere	Kamarier
Cena	Darka
Cucchiaio	Lugë
Delizioso	E Shijshme
Forchetta	Pirun
Frutta	Fruta
Ghiaccio	Akull
Insalata	Sallatë
Minestra	Supë
Pesce	Peshk
Pranzo	Drekë
Sale	Kripë
Sedia	Karrige
Spezie	Erëza
Torta	Tortë
Uova	Vezë
Verdure	Perimet

Salute e Benessere #1
Shëndeti dhe Mirëqenia #1

Abitudine	Zakon
Altezza	Lartësia
Attivo	Aktiv
Batteri	Bakteret
Clinica	Klinika
Fame	Uria
Farmacia	Farmaci
Frattura	Frakturë
Medicina	Mjekësi
Medico	Doktor
Muscoli	Muskujt
Nervi	Nervat
Ormoni	Hormonet
Pelle	Lëkurës
Postura	Postura
Riflesso	Refleks
Rilassamento	Çlodhje
Terapia	Terapia
Trattamento	Trajtimi
Virus	Virusi

Salute e Benessere #2
Shëndeti dhe Mirëqenia #2

Allergia	Alergjia
Anatomia	Anatomia
Appetito	Oreksi
Caloria	Kalori
Corpo	Trupi
Dieta	Dietë
Digestione	Tretje
Disidratazione	Dehidratim
Energia	Energji
Genetica	Gjenetika
Igiene	Higjiena
Infezione	Infeksioni
Malattia	Sëmundje
Massaggio	Masazh
Nutrizione	Të Ushqyerit
Ospedale	Spital
Peso	Pesha
Sangue	Gjak
Sano	I Shëndetshëm
Vitamina	Vitamina

Scienza
Shkenca

Atomo	Atom
Chimico	Kimike
Clima	Klima
Dati	Të Dhëna
Esperimento	Eksperiment
Evoluzione	Evolucioni
Fatto	Fakt
Fisica	Fizika
Fossile	Fosile
Gravità	Graviteti
Ipotesi	Hipoteza
Laboratorio	Laborator
Metodo	Metoda
Minerali	Mineralet
Molecole	Molekulat
Natura	Natyra
Organismo	Organizëm
Osservazione	Vrojtim
Particelle	Grimcat
Scienziato	Shkencëtar

Spezie
Melmesat

Aglio	Hudhër
Amaro	E Hidhur
Anice	Anise
Cannella	Kanellë
Cardamomo	Kardamom
Cipolla	Qepë
Coriandolo	Koriandër
Cumino	Qimnon
Curry	Kerri
Dolce	E Ëmbël
Finocchio	Kopër
Gusto	Aromë
Liquirizia	Jamball
Noce Moscata	Arrëmyshk
Paprika	Spec i Kuq
Pepe	Piper
Sale	Kripë
Vaniglia	Vanilje
Zafferano	Shafran
Zenzero	Xhenxhefil

Sport
Sport

Allenatore	Trajner
Atleta	Atlet
Capacità	Aftësi
Ciclismo	Çiklizëm
Corpo	Trupi
Danza	Vallëzimi
Dieta	Dietë
Forza	Forcë
Jogging	Vrapim
Massimizzare	Maximizo
Metabolico	Metabolike
Muscoli	Muskujt
Nutrizione	Të Ushqyerit
Obiettivo	Qëllimi
Ossa	Kockat
Programma	Programi
Resistenza	Qëndrueshmëri
Salute	Shëndeti
Sportivo	Sportet
Stretching	Shtrihen

Strumenti Musicali
Instrumentet Muzikore

Armonica	Harmonikë
Arpa	Harp
Banjo	Banjo
Chitarra	Kitarë
Clarinetto	Klarinetë
Fagotto	Fageg
Flauto	Flaut
Gong	Gong
Mandolino	Mandolinë
Marimba	Marimba
Oboe	Oboe
Percussione	Goditje
Pianoforte	Piano
Sassofono	Saksofon
Tamburello	Dajre
Tamburo	Daulle
Tromba	Trumbetë
Trombone	Trombon
Violino	Violinë
Violoncello	Violonçel

Tempo
Koha

Anno	Viti
Annuale	Vjetor
Calendario	Kalendar
Decennio	Dekade
Dopo	Pas
Futuro	E Ardhmja
Giorno	Dita
Ieri	Dje
Mattina	Mëngjes
Mese	Muaj
Mezzogiorno	Mesditë
Minuto	Minutë
Momento	Moment
Notte	Natë
Oggi	Sot
Ora	Orë
Presto	Së Shpejti
Prima	Para
Secolo	Shekulli
Settimana	Java

Tipi di Capelli
Llojet e Flokeve

Argento	Argjendi
Asciutto	Thatë
Bianco	E Bardhë
Biondo	Bjond
Breve	I Shkurtër
Calvo	Tullac
Colorato	Me Ngjyrë
Grigio	Gry
Intrecciato	Endur
Lungo	Gjatë
Marrone	Kafe
Morbido	Butë
Nero	E Zezë
Ondulato	Me Onde
Riccio	Kaçurrel
Riccioli	Curls
Sano	I Shëndetshëm
Sottile	I Hollë
Spessore	E Trashë
Trecce	Gërsheta

Uccelli
Zogjtë

Airone	Heron
Anatra	Rosa
Aquila	Shqiponja
Cicogna	Lejlek
Cigno	Mjellmë
Colomba	Pëllumb
Cuculo	Qyqe
Falco	Shikurt
Fenicottero	Flamingo
Gabbiano	Pulëbardhë
Oca	Patë
Pappagallo	Papagall
Passero	Harabeli
Pavone	Pallua
Pellicano	Pelikan
Pinguino	Pinguin
Pollo	Pulë
Struzzo	Struci
Tucano	Toucan
Uovo	Vezë

Universo
Gjithësi

Asteroide	Asteroidi
Astronomia	Astronomi
Astronomo	Astronom
Atmosfera	Atmosferë
Buio	Errësirë
Celeste	Qiellore
Cielo	Qiell
Cosmico	Kozmike
Emisfero	Hemisfera
Galassia	Galaktikë
Latitudine	Gjerësi
Longitudine	Gjatësia
Luna	Hëna
Orbita	Orbita
Orizzonte	Horizont
Solare	Diellore
Solstizio	Solstic
Telescopio	Teleskop
Visibile	E Dukshme
Zodiaco	Zodiakut

Vacanze #2
Pushimet Numër 2

Italiano	Shqip
Aeroporto	Aeroport
Campeggio	Kamping
Destinazione	Destinacioni
Foto	Fotografitë
Hotel	Hotel
Isola	Ishull
Mappa	Hartë
Mare	Det
Montagne	Malet
Passaporto	Pasaportë
Ristorante	Restorant
Spiaggia	Plazh
Straniero	I Huaj
Taxi	Taksi
Tempo Libero	Koha e Lirë
Tenda	Çadër
Trasporto	Transporti
Treno	Tren
Viaggio	Udhëtim
Visto	Viza

Veicoli
Automjetet

Italiano	Shqip
Aereo	Aeroplan
Ambulanza	Ambulanca
Auto	Makina
Autobus	Autobus
Barca	Varkë
Bicicletta	Biçikletë
Camion	Kamion
Caravan	Karvan
Elicottero	Helikopter
Metropolitana	Metro
Motore	Motor
Pneumatici	Goma
Razzo	Raketë
Scooter	Skuter
Sottomarino	Nëndetëse
Taxi	Taksi
Traghetto	Traget
Trattore	Traktor
Treno	Tren
Zattera	Raft

Verdure
Perimet

Italiano	Shqip
Aglio	Hudhër
Broccolo	Brokoli
Carciofo	Angjinarja
Carota	Karrota
Cetriolo	Kastravec
Cipolla	Qepë
Fungo	Kërpudha
Insalata	Sallatë
Melanzana	Patëllxhan
Patata	Patate
Pisello	Bizele
Pomodoro	Domate
Prezzemolo	Majdanoz
Rapa	Rrepë
Ravanello	Rrepkë
Scalogno	Shallot
Sedano	Selino
Spinaci	Spinaq
Zenzero	Xhenxhefil
Zucca	Kungull

Vestiti
Rrobat

Italiano	Shqip
Abito	Veshje
Braccialetto	Byzylyk
Camicetta	Bluzë
Camicia	Këmishë
Cappello	Kapelë
Cappotto	Pallto
Cintura	Rrip
Collana	Gjerdan
Giacca	Xhaketë
Gonna	Skaj
Grembiule	Platformë
Guanti	Doreza
Jeans	Xhins
Maglione	Triko
Moda	Moda
Pantaloni	Pantallona
Pigiama	Pizhama
Sandali	Sandale
Scarpa	Mbath
Sciarpa	Shall

Congratulazioni

Ce l'hai fatta!

Speriamo che questo libro vi sia piaciuto tanto quanto a noi è piaciuto concepirlo. Ci sforziamo di creare libri della più alta qualità possibile.
Questa edizione è progettata per fornire un apprendimento intelligente, di qualità e divertente!

Le è piaciuto questo libro?

Una Semplice Richiesta

Questi libri esistono grazie alle recensioni che pubblicate.

Puoi aiutarci lasciando una recensione
ora a questo link ?

BestBooksActivity.com/Recensioni50

SFIDA FINALE!

Sfida n°1

Sei pronto per il tuo gioco gratuito? Li usiamo sempre, ma non sono così facili da trovare - ecco i **Sinonimi!**

Scrivi 5 parole che hai trovato nei puzzle (n° 21, n° 36, n° 76) e prova a trovare 2 sinonimi per ogni parola.

Scrivi 5 parole del **Puzzle 21**

Parole	Sinonimo 1	Sinonimo 2

Scrivi 5 parole del **Puzzle 36**

Parole	Sinonimo 1	Sinonimo 2

Scrivi 5 parole del **Puzzle 76**

Parole	Sinonimo 1	Sinonimo 2

Sfida n°2

Ora che ti sei riscaldato, scrivi 5 parole che hai trovato nei puzzle n° 9, n° 17 e n° 25 e cerca di trovare 2 contrari per ogni parola. Quanti ne puoi trovare in 20 minuti?

Scrivi 5 parole del **Puzzle 9**

Parole	Antonimo 1	Antonimo 2

Scrivi 5 parole del **Puzzle 17**

Parole	Antonimo 1	Antonimo 2

Scrivi 5 parole del **Puzzle 25**

Parole	Antonimo 1	Antonimo 2

Sfida n°3

Grande! Questa sfida  non è niente per te!

Pronto per la sfida finale? Scegli 10 parole che hai scoperto nei diversi puzzle e scrivile qui sotto.

1.	6.
2.	7.
3.	8.
4.	9.
5.	10.

Ora scrivi un testo pensando a una persona, un animale o un luogo che ti piace.

Puoi usare l'ultima pagina di questo libro come bozza.

La tua composizione:

TACCUINO:

A PRESTO!

Tutta la Squadra

www.ingramcontent.com/pod-product-compliance
Lightning Source LLC
Chambersburg PA
CBHW082051120626
46553CB00011B/3358